AUSSTELLUNGSKATALOGE
DER ARCHÄOLOGISCHEN STAATSSAMMLUNG
HERAUSGEGEBEN
VON LUDWIG WAMSER

FORTSETZUNG DER
»AUSSTELLUNGSKATALOGE DER PRÄHISTORISCHEN STAATSSAMMLUNG«

BAND 34 · 2003

ARCHÄOLOGISCHE STAATSSAMMLUNG MÜNCHEN
MUSEUM FÜR VOR- UND FRÜHGESCHICHTE

# DIE SAMMLUNG MARIE-LUISE UND DR. THOMAS DEXEL

(BRAUNSCHWEIG)

VON

GISELA ZAHLHAAS

MÜNCHEN 2003

2. erweiterte Auflage des Titels „Antiker Schmuck aus einer norddeutschen Privatsammlung". Ausstellungskataloge der Prähistorischen Staatssammlung Bd. 20 (München 1991)

Katalogredaktion: Gisela Zahlhaas
Fotos: Manfred Eberlein
Zeichnungen: Michael Berger, Gabriele Sorge
Digitale Bildbearbeitung: Michael Berger
Umschlaggestaltung: Michael Berger

Motiv Vorderseite: Ohrring Kat. 76
Motiv Rückseite: Kettenglied Kat. 96
Frontispiz: Halskette Kat. 45

ISBN 3-927806-28-5

© 2003 Archäologische Staatssammlung – Museum für Vor- und Frühgeschichte und I.P. Verlagsgesellschaft
Gesamtherstellung International Publishing GmbH, Germering

# Inhalt

Zum Geleit (L. Wamser) . . . . . . . . . . . . . . . . . . . . . . . . . . . . . . . . . . . 6
Vorwort zum Katalog „Schmuck der Antike aus einer
norddeutschen Privatsammlung (H. Dannheimer) . . . . . . . . . . . . 8
Vorwort zum vorliegenden Bestandskatalog (Th. Dexel) . . . . . . . . 9

Antiker Schmuck . . . . . . . . . . . . . . . . . . . . . . . . . . . . . . . . . . . . . . 10

Schmuck . . . . . . . . . . . . . . . . . . . . . . . . . . . . . . . . . . . . . . . . . . . . 15
   *Vorderer Orient (Kat. 1–14)* . . . . . . . . . . . . . . . . . . . . . . . . . . *15*
   *Vorgeschichte Mitteleuropas (Kat. 15–16)* . . . . . . . . . . . . . . . *22*
   *Griechenland (Kat. 17–25)* . . . . . . . . . . . . . . . . . . . . . . . . . . *23*
   *Italien (Kat. 26–28)* . . . . . . . . . . . . . . . . . . . . . . . . . . . . . . . . *28*
   *Römisches Reich (Kat. 29–68)* . . . . . . . . . . . . . . . . . . . . . . . *30*
   *Byzanz (Kat. 69–96)* . . . . . . . . . . . . . . . . . . . . . . . . . . . . . . . *57*
   *Sasanidisches Reich (Kat. 87–95)* . . . . . . . . . . . . . . . . . . . . *66*
   *Islam (Kat. 96–100)* . . . . . . . . . . . . . . . . . . . . . . . . . . . . . . . *70*
   *Völkerwanderungszeit und Frühes Mittelalter (Kat. 101–111)* . . *72*
   *Mittelalter (Kat. 112–116)* . . . . . . . . . . . . . . . . . . . . . . . . . . . *81*

Gefäße . . . . . . . . . . . . . . . . . . . . . . . . . . . . . . . . . . . . . . . . . . . . . 83
   *Bronze (Kat. 117–138)* . . . . . . . . . . . . . . . . . . . . . . . . . . . . . *83*
   *Ton (Kat. 139–152)* . . . . . . . . . . . . . . . . . . . . . . . . . . . . . . . *98*
   *Glas (Kat. 153–161)* . . . . . . . . . . . . . . . . . . . . . . . . . . . . . . *105*
   *Stein (Kat. 170)* . . . . . . . . . . . . . . . . . . . . . . . . . . . . . . . . . *113*

Geräte (Kat. 171–182) . . . . . . . . . . . . . . . . . . . . . . . . . . . . . . . . 114

Plastiken (Kat. 183–189) . . . . . . . . . . . . . . . . . . . . . . . . . . . . . . 112

Ausgewählte Bibliographie zum Thema Schmuck . . . . . . . . . . . 125

# Zum Geleit

„Es ist ein Glück für die Prähistorische Staatssammlung, solche Freunde zu haben, und zugleich ein Glück für Bayern, daß damit seine Vor- und Frühgeschichte solch liebevolle und wirksame Unterstützung erfährt". Mit diesen Worten wünschte vor fünf Jahren der l. Vorsitzende und Schatzmeister des Verbandes bayerischer Geschichtsvereine und des Gesamtvereins deutscher Geschichts- und Altertumsvereine, Dr. Manfred Treml, unserem (im Milleniumsjahr 2000 in „Archäologische Staatssammlung – Museum für Vor- und Frühgeschichte" umbenannten) Museum und seinem Freundeskreis – die sich 1998 zum 25-jährigen Gründungsjubiläum des Vereins „Freunde der bayerischen Vor und Frühgeschichte e.V." mit der Festschrift „Weggefährten über 25 Jahre" gewissermaßen selbst ein adäquates Geburtstagsgeschenk gemacht hatten – Glück und gleichbleibenden Erfolg auch für das nächste Vierteljahrhundert.

Gab die 25-jährige Wiederkehr der Vereinsgründung zuvörderst Anlaß zu dankbarer Rückbesinnung auf das zurückliegende Vierteljahrhundert ebenso freundschaftlichen wie ersprießlichen Zusammenwirkens von Museum und Freundeskreis, aber auch zur Bilanzierung des in dieser Zeit Erreichten, so bot dieser Rückblick, der gleichzeitig zu Reflexionen über die gegenwärtige Museumsarbeit, ihre Bandbreite, aktuelle Fragen und Perspektiven für die Zukunft herausforderte, zudem eine willkommene Gelegenheit, die Bedeutung des ehrenamtlichen Engagements interessierter Bürger und historischer Vereine angemessen zu würdigen. Sind doch die staatlichen Museen – die jenen ehrenamtlich Tätigen in Anliegen und Zielsetzung, in der Bildungsarbeit ebenso wie beim Sammeln, aber auch beim Anregen der Forschung und beim Bemühen, öffentliches Bewußtsein für diesen wichtigen Sektor bayerischer Kulturpflege zu schaffen, seit jeher eng verbunden sind – gerade heutzutage, in Zeiten der „Sparhaushalte", in besonderer Weise auf die mitgestaltende Förderung durch private Sammler und Stifter angewiesen.

In diese individuelle Spielart des „mitgestaltenden Mäzenatentums" (W. Sauerländer), das dadurch gekennzeichnet ist, daß die betreffenden Förderer ihre eigene Spur in der Physiognomie der von ihnen mit Zustiftungen bedachten Museen hinterlassen, reihen sich auch mehrere großzügige Zustiftungen von Mitgliedern unseres Freundeskreises ein. Erinnert sei hier etwa an die Schenkung von 100 antiken Fingerringen und Gemmen durch Frau Dr. Emma Pressmar im Jahre 1984 oder das Vermächtnis von Frau Dipl. Ing. Ruth Göckl, aus deren Erbe 1994 u.a. der große keltische Münzschatz von Sontheim im Unterallgäu angekauft werden konnte. Cum grano salis könnte man sogar sagen, daß diese Beispiele Schule gemacht haben, denn in der Folgezeit durfte das Museum wiederholt auch beachtliche Schenkungen privater Förderer außerhalb des Vereins der „Freunde der bayerischen Vor- und Frühgeschichte e.V." entgegennehmen. Zu ihnen gehören – wie in der obenzitierten Festgabe bereits dankbar hervorgehoben wurde – das Ehepaar Marie Luise und Prof. Dr. Thomas Dexel in Braunschweig, die dem Museum seit 1990 wiederholt namhafte Teile ihrer Kollektion antiker Kleinobjekte und Gefäße stifteten. Auch nach dem Erscheinen der – rasch vergriffenen – Veröffentlichung eines Teilbestandes ihrer Sammlung (vgl. G. Zahlhaas, Schmuck und Antike aus einer norddeutschen Privatsammlung. Ausstellungskataloge der Prähistorischen Staatssammlung München, Bd. 20, 1991; mit einem – auf Seite 5 dieses Bandes erneut abgedruckten – Vorwort von H. Dannheimer) haben Marie Luise und Thomas Dexel ihre langjährige Verbundenheit mit unserem Hause durch weitere, dem Museum zusätzliche Möglichkeiten eröffnende Schenkungen aufrechterhalten und dieses jahrzehntelange Engagement für „ihr" Museum durch die Bereitstellung eines namhaften Zuschusses für die Drucklegung des vorliegenden, beträchtlich erweiterten Katalogbandes noch einmal signifikant unterstrichen. Für diese noble Geste sind wir dem Sammlerehepaar von Herzen dankbar.

Die Archäologische Staatssammlung, die sich glücklich schätzt, die ihr anvertraute Kollektion in ihre Obhut nehmen zu dürfen, steht dafür ein, daß die Namen beider Förderer in dauerhafter und dankbarer Erinnerung bleiben. Mit der Herausgabe des vorliegenden Kataloges zum 30jährigen Bestehen unseres Freundeskreises soll nicht zuletzt auch diese Veröffentlichung als Dankesgabe und weiteres Bindeglied zwischen dem Museum und seinem erweiterten Freundeskreises verstanden und damit die Verbundenheit mit unseren auswärtigen Freunden auch nach außen hin sichtbar dokumentiert werden.

München, im April 2003

*Ludwig Wamser*

# Vorwort

*zum Katalog „Schmuck der Antike aus einer
norddeutschen Privatsammlung"*

Im Jahre 1985 erhielt der damals noch nicht lange in diese Funktion eingesetzte Direktor der Prähistorischen Staatssammlung München den Besuch eines ihm bis dahin unbekannten älteren Ehepaares aus einer Stadt in Norddeutschland. Er konnte bei der Terminvereinbarung noch nicht ahnen, daß ihm dieser Besuchstermin als eine der seltenen Sternstunden in seinem Amt als Museumsleiter dauerhaft und nachdrücklich in Erinnerung bleiben würde.
Die Besucher erzählten mir in unzeitgemäßer Bescheidenheit von ihrem wissenschaftlichen und mäzenatischen Wirken in ihrer Heimatstadt und von der „Leidenschaft" der weiblichen Hälfte des Paares: Dem Sammeln edlen antiken Schmuckes aus Europa und dem Alten Orient. Zum Beweis wurden mir einige Kostproben im Original vorgeführt. Und schließlich wurde – fast schüchtern – die Frage gestellt, ob die Prähistorische Staatssammlung bereit sein könnte, eines Tages diese äußerst exquisite Kollektion als Vermächtnis der Sammlerin zu übernehmen. Wie die Antwort – vermutlich nach einer „Schrecksekunde" – ausgefallen ist, bedarf keiner Erläuterung.
Mindestens ebenso viel Freude wie die Aussicht auf einen so bedeutenden Zuwachs für die Schmucksammlung des Museums löste die Begründung für diese uneigennützige Absichtserklärung aus: Sie sollte eine Anerkennung der Arbeit der Prähistorischen Staatssammlung sein, die aus der Ferne sorgfältig registriert und bei gelegentlichen Besuchen in München auch unmittelbar studiert worden war.
Es ist der ausdrückliche Wunsch unserer Gönnerin, anonym zu bleiben; er muß natürlich respektiert werden. Und es ist die Hoffnung und der Wunsch aller Beteiligten, daß der Übergang in den Besitz der Prähistorischen Staatssammlung erst eines sehr fernen Tages erfolgen möge. Es ist aber auch verständlich, daß wir die Sammlerin schon heute ehren und das kostbare Vermächtnis als Augenweide für die augenblicklich am Museum wirkenden Mitarbeiter auf begrenzte Zeit schon jetzt einmal ausbreiten wollten. So wurde uns zugestanden, diese Ausstellung vorzubereiten und den wesentlichsten Bestand der Sammlung in vorliegendem Katalog zu erfassen. Auch dafür sind wir dem Ehepaar aus Norddeutschland, voran natürlich der Sammlerin, von Herzen dankbar.
Den Katalog, der auch elf Objekte enthält, die dem Museum bereits im Jahre 1990 übereignet wurden, hat Frau Oberkonservatorin Dr. Gisela Zahlhaas erarbeitet; die Aufnahmen hat Manfred Eberlein in einer Zeit höchster Arbeitsbelastung meisterhaft aufgenommen.

*München, im August 1991* *Hermann Dannheimer*

# Vorwort

*von Dr. Thomas Dexel zum vorliegenden Bestandskatalog*

Der Katalog „Schmuck der Antike aus einer norddeutschen Privatsammlung" vom Jahre 1991 war rasch vergriffen, die Archäologische Staatssammlung hat sich nun entschlossen, eine zweite, erweiterte Auflage zu machen. Jetzt besteht kein Anlaß mehr, die Leihgeber in der Anonymität zu lassen. Frau Marie-Luise und Herr Thomas Dexel aus Braunschweig haben über viele Jahre hin eine intensive, auf verschiedenste Gebiete ausgedehnte Sammeltätigkeit betrieben. Sie entschlossen sich nach langen Überlegungen, die antiken Objekte nach München zu geben, was von Herrn Dr. Dannheimer, wie aus seinem Vorwort hervorgeht, gern akzeptiert wurde. Ihm und Frau Dr. Zahlhaas, die den Katalog mit großer Sorgfalt und Sachkenntnis bearbeitet hat, sind die Dexels für die Anerkennung und Aktivität, mit der sie die Sammlung bekannt machten, von Herzen dankbar.

Einige Andeutungen wie es zu deren Sammelei kam, werden vielleicht nicht unangebracht sein. Die Dinge stammen vom regelmäßigen Besuch seit etwa 1970 der Antiquitäten-Messe in Hannover-Herrenhausen, außerdem von dem engen Kontakt mit zwei Kunsthändlern und bekannten Fachleuten: Herrn Saed Motamed aus Frankfurt am Main und Herrn Axel G. Weber aus Köln, die sie regelmäßig berieten und aufsuchten. Der Schwerpunkt des Sammelns lag beim Schmuck, einer Materie, in die sich Frau Dexel intensiv einarbeitete, so sehr, daß Herr Dannheimer diese Kennerschaft dadurch anzuerkennen bestrebt war, den Bayerischen Verdienstorden für sie zu beantragen. Das Interesse von Thomas Dexel lag auf dem Gebiet des Gebrauchgeräts, als natürliche Folge seiner Tätigkeit als Leiter der Formsammlung der Stadt Braunschweig, einer Sammlung historischen und zeitgenössischen Alltagshausgeräts.

# Antiker Schmuck

Der antike Schmuck, der dem heutigen Betrachter einen großen ästhetischen Genuß bietet, eignet sich durch seine Vielschichtigkeit besonders gut für allgemeine Kulturbetrachtungen, da er mehr als jeder andere Gegenstand, der uns im archäologischen Material zur Verfügung steht, mit dem Träger und seiner Person verbunden ist. Die Informationen, die wir durch den antiken Schmuck über die ehemaligen Besitzer gewinnen können, sind daher sehr weitreichend.

Die Erwähnung und manchmal sogar die Beschreibung von Schmuckstücken in antiken Schriftquellen verschiedener Kulturen läßt diese persönliche Bindung an den Träger deutlich erkennen. In der griechisch-römischen Kultur, welcher der überwiegende Teil der Schmuckstücke dieser Sammlung und Ausstellung angehören, finden sich zahlreiche Hinweise dazu. Am augenfälligsten wird die starke Verknüpfung des Schmucks mit der Person, die ihn trägt oder besitzt, bei den zahlreichen Geschichten ausgesetzter Säuglinge, die später anhand der ihnen mitgegebenen Schmuckstücke wieder identifiziert werden konnten und so nach Jahren glücklich ihre rechtmäßigen Eltern wiederfanden. Als Beispiele seien nur die Komödie des Menander „Das Schiedsgericht" genannt, wo ein Fingerring als Erkennungszeichen dient; oder die Hirtenidylle „Daphnis und Chloe", wo Band und Spangen diese Funktion erfüllen. Die „Schöne Charikleia" des Heliodor, eine aethiopische Königstochter, hatte eine Kette aus Edelsteinen, ein seidenes Stirnband und einen Fingerring bei sich. Es handelt sich hier um einen topos, bei dem der Schmuck eine Art individuelle Erkennungsmarke darstellt.

Eine andere Funktion des Schmuckes, die Steigerung der Schönheit, wird in den homerischen Hymnen an Aphrodite beschrieben:

… Da nahmen die Horen mit goldenem Stirnreif
grüßend sie auf und hüllten sie ein in unsterbliche Kleider,
krönten ihr dann mit dem goldenen, herrlichen trefflich gewundenen
Kranz das unsterbliche Haupt. Ins Löchlein am Läppchen der Ohren
steckten sie Blumen aus kostbarem Gold und aus Messing, behingen
dann noch den zarten Hals und die schimmernden Brüste mit goldenen
Ketten, womit die Horen selber sich schmücken, so oft sie
goldene Reifen im Haar zu lieblichen Reigen der Götter
und zum Hause des Vaters gehen…

Eine zweite Quelle unseres Wissens über antiken Schmuck sind die zahlreichen Darstellungen. Blicken wir wieder auf die griechisch-römische Kulturepoche, zeigen uns die griechischen Vasenbilder, daß Frauen relativ wenig Schmuck tragen, für Männer ist Schmuck überhaupt nicht üblich. Auf griechisch-unteritalischen Vasen ist dagegen sehr viel mehr Schmuck dargestellt, sicher ein Zeichen des legendären Reichtums und des Luxus dieser griechischen Koloniestädte.

Aus römischer Zeit besitzen wir zwei Denkmälergruppen, die uns besonders viel über Schmuck übermitteln. Es sind die Grabporträts aus Palmyra und die Mumienbildnisse aus Ägypten. Bei der ersten Gruppe spielen der ungeheure Reichtum der Bewohner, die Detailfreudigkeit der Bildhauer, die alle Kleinigkeiten der Schmuckstücke wiedergaben, und die Sitte der Grabporträts, die den Verstorbenen in möglichst repräsentativer Erscheinung – d.h. mit all seinem wertvollen Schmuck – zeigen, zusammen. Die orientalische Freude am prunkvollen Auftreten kommt hinzu. Die Grabporträts aus Palmyra gehören überwiegend in das 2. Jahrhundert n. Chr.

Die Mumienbildnisse aus dem Fayum in Ägypten zeigen ebenfalls die Verstorbenen, hier in Malerei auf Holz ausgeführt. Über mehrere Jahrhunderte kann man bei diesen Darstellungen die Entwicklung der Schmuckkunst verfolgen, die in Ägypten während des 1.–3. Jahrhunderts n. Chr. jener des übrigen römischen Reiches entsprach. Dabei gab man den Toten in seinem Totenschmuck wieder. Zum Totenschmuck gehörte als erstes der Kranz, der Männern wie Frauen aufgesetzt wurde. Frauen tragen außerdem Ohrringe, verschiedene Halsketten und Colliers, zusätzliche Anhänger, Arm- und Fingerringe. Die Genauigkeit der Darstellung läßt auch hier Material, Technik und Form bestens erkennen.

Auf der anderen Seite stehen die vielen Originalfunde aus den unterschiedlichsten Kulturen, welche Museen und Sammlungen füllen. Manche können wir, auch wenn sie losgelöst von Fundzusammenhängen sind, in Verbindung mit den literarischen Überlieferungen interpretieren, bei den meisten jedoch müssen wir unser Wissen aus dem Objekt selbst gewinnen. Dies gilt vor allem bei den Beispielen, die aus den vorgeschichtlichen Perioden stammen, die noch keine Schrift kannten. Denn Schmuck ist ja seit dem Paläolithikum bekannt.

Bei der Betrachtung der Schmuckobjekte erfahren wir über verschiedene Aspekte etwas, zum ersten über den Besitzer und Träger selbst. Schmuckformen und Materialien sagen uns, welche soziale Stellung er innehatte. Denn spezielle Schmuckstücke waren Personen eines ganz bestimmten Ranges vorbehalten, in manchen Fällen durfte Gold nachweisbar nur von einem bestimmten Personenkreis getragen werden. Ansonsten läßt der materielle Wert natürlich Rückschlüsse auf den Reichtum des Besitzers zu. Form und Material sind aber ebenso auch für die religiösen Vorstellungen des Einzelnen aufschlußreich. Die Wichtigkeit von Amuletten und Abwehrzaubersymbolen läßt auf eine starke Neigung zum Aberglauben schließen, die Darstellungen von Göttern und deren Symbolen auf den Schmuckstücken zeigen die Verbindungen zu den Göttern auf.

Zum zweiten gewinnen wir Einblick über die Einzelperson hinaus in die wirtschaftlichen Umstände und in die Handelsbeziehungen einer Kultur. Die verwendeten Materialien mußten oft importiert werden. Der Nachweis von Handelswegen über enorme Entfernungen hinweg kann beim Schmuck vor allem über die Edelsteine erbracht werden. Hand in Hand mit der Eröffnung oder Wiederbelebung von Fernhandel geht auch ein Wandel in der Mode, welche neu angebotene Materialien sofort aufgreift. Zudem zeigen Untersuchungen, ob im Lande selbst Edelmetall für die Verarbeitung durch die Goldschmiede gefunden oder abgebaut wurde oder ob auch dieses eingeführt werden mußte.

Für die Bedeutung einer Kultur spielte das Niveau ihrer Kunsthandwerker eine große Rolle. Die diversen erhaltenen Schmuckstücke geben ein eindrucksvolles Bild von der Arbeit der Goldschmiede und ihren technischen Fähigkeiten. Daß alle Techniken, die wir heute landläufig kennen, schon in der Antike gebräuchlich waren, ist bekannt. Die Bearbeitung von Edelmetall durch Gießen, Treiben und Ziehen, durch Ziselieren Punzieren und Gravieren, mit Filigran und Granulation, mit Einlegearbeiten und Steinfassungen stand in höchster Blüte.

In der kunstgeschichtlichen Entwicklung geht die Goldschmiedekunst parallel jener anderer Kunstgattungen und läßt sich vergleichen mit Plastik, Reliefkunst, Ornamentik und Glyptik. Daraus kann in vielen Fällen eine Datierung gewonnen werden, die bei den meisten Stücken, die im Kunsthandel zu finden sind, nicht von vornherein feststeht wie es bei Grabungsfunden der Fall ist.

Grundsätzlich können Schmuckstücke aus Siedlungen stammen – meist handelt es sich dabei um Einzelfunde –, dann aus Grabfunden, die den weitaus größten Prozentsatz ausmachen und zudem bei genauer Beobachtung ganze Trachtensembles und die Trageweise der Einzelteile erkennen lassen. Außerdem gibt es dann noch Verwahr- oder Schatzfunde, die überwiegend wegen ihres materiellen Wertes vergraben wurden, und schließlich die Weihegaben an Gottheiten, die man in Heiligtümern opferte, um sie durch den hohen materiellen Wert oder durch die Schönheit des Schmuckstückes zu erfreuen.

Die recht einheitliche Funktion des Schmuckes verbindet die unterschiedlichsten Kulturen der Antike. Schmuck diente vor allem als Statussymbol, als Zeichen für Reichtum und Macht oder als Amulett gegen widrige Einflüsse, d. h. er besaß eine echte Funktion und diente nicht in erster Linie der reinen Verschönerung. Form und Material spielten dabei eine wichtige Rolle. Es war für die Wirkung nicht unbedingt notwendig, Gold zu verwenden, und Silber, Bronze oder Eisen oder andere Materialien sollten nicht nur billigen Ersatz darstellen. Deshalb entsprechen auch künstlerische Qualität und Wert des verarbeiteten Materials einander nicht immer, z. B. haben Schmuckstücke aus Gold z.T. eine weniger sorgfältige Ausarbeitung erfahren und sollten eher durch ihren materiellen Wert beeindrucken.

Dennoch gibt es auch gewichtige Unterschiede unter den antiken Kulturgebieten, vor allem in der Tragweise. In den erwähnten Funktionen war Schmuck für Männer, Frauen und Kinder gleich wichtig, unheilabwehrende Amulette konnten sie alle reichlich tragen. Trotzdem war in der griechischen – und später in der römischen – Kultur Schmuck für Männer nicht üblich, außer Fingerringe und bei besonderen Anlässen Kränze oder Orden.

Die gebräuchlichsten Schmuckgattungen in allen Zeiten der Antike waren Diadem und Kranz, Ohrringe, Halsketten und Anhänger, Fingerringe, Armreifen, Nadeln und Fibeln. Als nicht allgemein verbreitet kann man noch Pektorale und Gürtel hinzufügen. Manche Schmuckformen lassen sich über Jahrtausende verfolgen, obwohl die Gestaltung manchmal auch sehr kurzlebigen Modeströmungen unterworfen war. Dabei werden dann meist nur die Details dem jeweiligen Zeitgeschmack angepaßt. Ein sprechendes Beispiel dafür sind die offenen Armreifen mit Tierenden. Sie wurden im Vorderen Orient um die Mitte des 2. Jahrtausends v. Chr. erfunden und weit bis in die islamische Zeit, ja sogar bis in die Neuzeit weitergeführt.

Die Herstellungstechnik der sog. Fuchsschwanzketten gibt es ab dem 3. Jahrtausend v. Chr. Sie kam über die Phöniker zu den Griechen, später zu den Römern. Viele andere Nachbarkulturen übernahmen sie ebenfalls, die Kenntnis dieser handwerklichen Technik hielt sich z. T. bis in unser Jahrhundert.

Ähnlich verhält es sich mit einer Ohrringform, bei der auf einem runden Drahtreif einige Kugeln aufgereiht sind. Auch sie wird vom frühen 1. Jahrtausend v. Chr. an immer wieder variiert und belebt. Dabei ist die Variationsbreite einzelner Schmuckgattungen schier unermeßlich. So müssen z. B. Fingerringe nicht immer runde Reifen sein, gegebenenfalls mit Steinen oder Gemmen bereichert. Die Goldschmiede erfanden Spiralringe, Ringe von äußerem dreieckigem Umriß mit betont ausladenden Schultern oder Ringe von U-förmigem Kontur.

Wieder andere Schmuckstücke waren nicht auf einen geographischen oder zeitlichen Raum begrenzt. Ein schönes Beispiel für die Verbreitung einer Mode stellen die Bronzegürtel dar. Sie kommen seit dem frühen 1. Jahrtausend v. Chr. vor und bestanden aus einem breiten, reich ornamentierten Streifen aus Bronzeblech, der auf eine kräftige Lederunterlage genäht war. Es gibt sie in Assyrien, bei den Urartäern im Osten Anatoliens, im Kaukasus, in Griechenland und in Mitteleuropa, wo sie in der Hallstattzeit (7.–6. Jh. v. Chr.) ebenfalls anzutreffen sind.

Beispiele für die Entwicklung einer Form über viele Jahrhunderte hinweg bieten ebenfalls interessante Aspekte. Der Vordere Orient läßt sich hier anführen. Hier wurden im Laufe des Hellenismus griechische Schmuckformen übernommen. Während in anderen Gebieten, wo gleichfalls die hellenistische Schmuckkunst verbreitet war, der römische Stil ab dem 1. Jahrhundert n. Chr. als modisches Vorbild galt, hielten sich im Osten manche griechischen Elemente und erlebten z. T. eine Renaissance. Die Fingerringe können diese Behauptung stützen. Die charakteristische Form der lanzettförmigen Platte und des annähernd U-förmigen Umrisses treten verstärkt wieder in der Spätantike, in byzantinischer, ja sogar in islamischer Zeit auf. Vielleicht läßt sich aus dieser Tradition auch ein Detail erklären, das ab dem 6. Jahrhundert n. Chr. an sasanidischen Ringen zu beobachten ist. Es handelt sich um den sog. Gußzapfen auf der Rückseite der Schiene. Die Tatsache, daß diese Erhebung manchmal mit eigenem Dekor versehen ist, und außerdem nicht nur an Metallexemplaren, sondern auch an Steinringen vorkommt, macht die Interpretation als Gußzapfen, d. h. als nicht mehr bereinigten Rückstand vom Gußvorgang, sehr unwahrscheinlich. Es könnte durchaus sein, daß der Nachklang jener hellenistischen Ringe spürbar wird, die auf der Rückseite der Schiene einen kleinen gefaßten Stein besaßen – gegenüber dem üblichen Stein oder der Gemme auf der Vorderseite.

Zur vielfältigen Funktion des Schmuckes gehört auch, daß man schon im Hellenismus regelrechte Kunstsammlungen für Meisterwerke der Schmuckkunst zusammentrug. Die ersten Spezialsammlungen enthielten Gemmen und Fingerringe, es waren die sog. Daktyliotheken. Bekannt ist jene von Mithridates VI. von Pontos, die Pompeius nach seinem Sieg über diesen Herrscher in den Tempel des Juppiter Capitolinus weihte. Auch von Caesar ist bekannt, daß er sechs Daktyliotheken an den Tempel der Venus Genetrix in Rom stiftete. Daneben legten auch Privatleute Kollektionen an. Die fanatische Haltung der Sammler schreckte auch vor kriminellen Methoden nicht zurück, wenn es galt, ein berühmtes Stück in Besitz zu bekommen. Die hohe Wertschätzung von Gemmen geht u. a. auch daraus hervor, daß sie zu den wenigen Gegenständen der antiken Kleinkunst gehören, die von den Künstlern signiert wurden.

Diese wenigen Aspekte zeigen, daß vielfältige Einsichten in die antiken Kulturen durch die Beschäftigung mit Schmuck gewonnen werden können. Dabei stellt das zielstrebige Sammeln von Schmuck die Grundlage für die Möglichkeit solcher Betrachtungen dar. Die vorliegende Sammlung, mit Sorgfalt und Sachverstand zusammengetragen, eignet sich hervorragend für viele Überlegungen zur antiken Kulturgeschichte. Dabei sollte aber bei allen – wenn auch noch so interessanten – Forschungen nicht vergessen werden, daß die Schmuckstücke gesammelt wurden, damit sie getragen werden und so Vergnügen bereiten. Ein Vergnügen, das sicher die antiken Damen mit den modernen eng verbindet.

# Schmuck

## Vorderer Orient

### 1 Stempelsiegel

Speckstein. Br. 4,8 cm, H. 3,5 cm.
Iran, protoelamisch, Ende 4. Jahrtausend v. Chr.

Das Stempelsiegel mit querrechteckiger Bildfläche und giebelförmiger Oberseite ist zum Aufhängen quer durchbohrt. Das Stempelmotiv zeigt zwei hintereinander schreitende Steinböcke mit langem Gehörn; davor ein Füllmotiv. Außer den Körpern, die aus flächigen Partien zusammengesetzt sind, werden die übrigen Körperteile linear, aber recht detailliert angegeben.
Giebelförmige Stempelsiegel sind vor allem im nordsyrischen Raum ab dem 5./4. Jahrtausend v. Chr. verbreitet, kommen aber auch in den benachbarten Gebieten vor. Die Form wurde lange beibehalten, so daß wir auch aus dem 2. Jahrtausend v. Chr. Beispiele kennen. In Stil und Technik sind flächige und lineare Partien einander gegenübergestellt.

Lit.: E. Zwierlein-Diehl, Die antiken Gemmen im Kunsthistorischen Museum in Wien II (1979) Nr. 2841.

### 2 Anhänger als Widderkopf

Schwarzer Stein. Br. 5 cm
Kaukasusgebiet, 2. Jahrtausend v. Chr.

Der Anhänger hat die Form eines frontalen stilisierten Widderkopfes mit großem seitlich ausladendem Gehörn, das in engen Spiralen gedreht ist. Er ist aus schwarzem Stein gefertigt, wobei die Oberfläche glatt poliert wurde. Die Durchbohrung zum Aufhängen befindet sich auf der Rückseite des Kopfes.
Ähnlich stilisierte Widderköpfe (aus Bronze) finden sich im Kaukasusgebiet während der mittleren Bronzezeit. Es zeigt, daß dort der Widder als Amulett diente, d. h. mit einer Gottheit und ihrem Wirkungskreis in Verbindung stand und somit ebenfalls segensreich wirken konnte. Der Widder gehört in vielen antiken Kulturen zu den Tieren, die Symbol für die Fruchtbarkeit waren.

Lit.: Unterwegs zum Goldenen Vlies. Archäologische Funde aus Georgien (1995) Nr. 110, Abb. 59.

Kat. 1

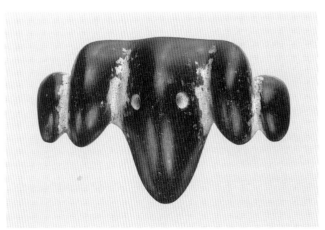

Kat. 2

## 3 Halskette

Fayenceperlen und moderne Goldperlen. L. 68 cm
„Urartu", 8./7. Jahrhundert v. Chr.

Die Kette ist modern aufgefädelt, wobei neue kugelige Goldperlen von antikem Typus mit ca. 2 cm langen vierkantigen ritzverzierten grünlichen Fayenceperlen zusammengestellt sind. Die Fayenceperlen sind antik.
Die Fabrikation von sog. Fayence- und Fritteperlen begann anscheinend unabhängig sowohl in Mesopotamien wie in Ägypten im 3. Jahrtausend v. Chr. und ist bald danach auch in Syrien und Palästina nachzuweisen. Von dort exportierte man große Mengen nach Norden, z. B. in den Kaukasus und nach Anatolien, aber auch nach Osten bis nach Afghanistan.
Die Fayenceperlen der vorliegenden Kette sollen aus Urartu stammen. Im urartäischen Kulturgebiet, im Osten Anatoliens wurden bei Grabungen überwiegend Karneolperlen gefunden, Importe von Fayence sind aber ebenfalls nachzuweisen.

Publ.: Schmuck Nr. 1. Die Zitate „Publ.: Schmuck" beziehen sich im Folgenden auf: G. Zahlhaas, Antiker Schmuck aus einer norddeutschen Privatsammlunbg. Ausstellungskat. d. Prähist. Staatsslg. 20 (1991).
Lit.: B. Pjotrowski, Urartu (1969) Abb. 113 (Fayence, aber andere Perlenformen).

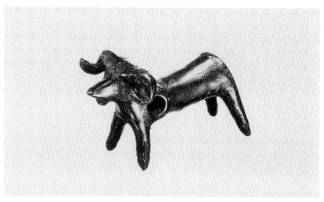

Kat. 4

## 4 Anhänger

Bronze. L. 3,0 cm
Iran, frühes 1. Jahrtausend v. Chr.

Das kleine Figürchen hat die Gestalt eines Stieres. Der Halsansatz ist quer durchbohrt, damit man eine Schnur zum Anhängen anbringen kann.
Kleine Tierfiguren waren im Iran als Amulette sehr beliebt und verbreitet. Sie stellen Stiere, Pferde, Hirsche oder Steinböcke dar. Man trug sie umgehängt oder als Gürtelzier.

Publ.: Schmuck Nr. 2.
Lit.: A Glimpse into the Past. The Joseph Ternbach Collection (1981) Nr. 40 ff.

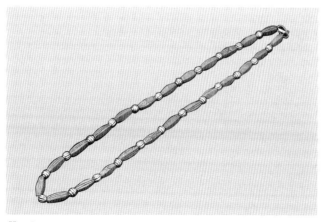

Kat. 3

Kat. 5

## 5 Anhänger

Bronze. L. 3,1 cm
Luristan/Iran, frühes 1. Jahrtausend v. Chr.

In ähnlicher Funktion wie Nr. 4 ist der Anhänger in Form eines kleinen Steinbockes mit ausladenden Hörnern zu sehen.

Publ.: Schmuck Nr. 3. – G. Zahlhaas, Luristan. Antike Bronzen aus dem Iran. Ausstellungskat. d. Archäol. Staatsslg. 33 (2002) Kat. 171.
Lit.: P. R. S. Moorey, A Catalogue of Ancient Persian Bronzes in the Ashmolean Museum (1971) Nr. 420–426. – E. de Waele, Bronzes de Luristan et d´Amlash. Ancienne Collection Godard (1982) Nr. 241 ff. – L. Vanden Berghe, Luristan een verdwenen bronskunst uit West-Iran. Ausstellungskat. Gent (1983) Kat. 346.

## 6 Anhänger

Bronze. H. 7,5 cm
Iran, Anfang 1. Jahrtausend v. Chr.

Der flache Anhänger setzt sich aus einem schmalen, hochrechteckigen Teil und einer runden Scheibe zusammen. Auf dem rechteckigen Teil verläuft ein kräftiger Mittelsteg. Am oberen Rand sitzt als Bekrönung ein Steinbockkopf, an dem hinten eine Öse befestigt ist.
Das sehr qualitätvoll gearbeitete Stück diente vermutlich als Anhänger am Pferdegeschirr wie es in Iran in der frühen Eisenzeit viele Beispiele gibt. Vergleichbare Beispiele wurden z. B. in Khurvin gefunden, datierbar in das frühe 1. Jahrtausend v. Chr.

*Kat. 6*

Publ.: Schmuck Nr. 4. – G. Zahlhaas, Luristan. Antike Bronzen aus dem Iran. Ausstellungskat. d. Archäol. Staatsslg. 33 (2002) Kat. 166.
Lit.: E. de Waele, Bronzes de Luristan et d´Amlash. Ancienne Collection Godard (1982) Nr. 359.

## 7 Nadel

Bronze. L. 19,3 cm
Kaukasusgebiet, frühes 1. Jahrtausend v. Chr.

Die lange Nadel ist im oberen Drittel verziert. Fünf doppelkonische Elemente wechseln mit rundlichen Zwi-

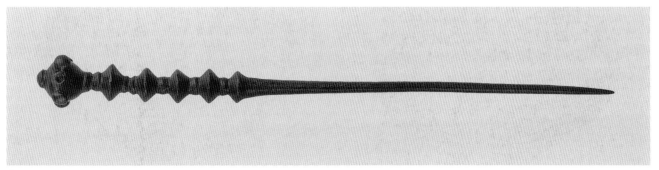

*Kat. 7*

schengliedern von geringerem Durchmesser ab und bilden so die obere Profilierung des Schaftes. Der abschließende Nadelkopf ist kugelig und mit fünf Knubben und vier Kreisaugen versehen.

Publ.: Schmuck Nr. 5.
Lit.: P. R. S. Moorey, Catalogue of the Ancient Persian Bronzes in the Ashmolean Museum Oxford (1971) Taf. 42 ff. – Archäologischer Anzeiger 1995, 29 Abb. 13,1.

## 8 Armreif

Bronze. Dm. 6,3–6,8 cm
Luristan/Iran, 10./9. Jahrhundert v. Chr.

Der flache offene Reif besitzt drei Leisten und verdickt sich zu den Enden hin. Den Abschluß bilden kleine Entenfigürchen. Sie blicken geradeaus und besitzen fein gefiederte Flügel.
Die offene Armreifform ist die am meisten verbreitete des Vorderen Orients. Ihre Enden sind oft mit figürlichem oder ornamentalem Abschluß versehen. Hier haben sie die Form von Enten. Die Ente scheint im Vorderen Orient einen bestimmten Symbolgehalt gehabt zu haben, finden sich doch z. B. Gewichte in Mesopotamien in Entenform. Nadeln mit Entenköpfen sind aus Luristan bekannt. Eine weitere Schmuckgruppe sind die Armreifen mit Entenenden aus Luristan, wobei die übliche Form die Enten mit zurückgewendetem und auf den Rücken gelegtem Kopf zeigt. Hier blicken die Enten geradeaus, was eine seltene Variante darstellt. Die Datierung erfolgt in die frühe Eisenzeit.

Publ.: Schmuck Nr. 6. – G. Zahlhaas, Luristan. Antike Bronzen aus dem Iran. Ausstellungskat. d. Archäol. Staatsslg. 33 (2002) Kat. 79.
Lit.: L. Vanden Berghe, Luristan. Een verdwenen bronskunst uit West-Iran. Ausstellungskat. Gent (1982) Nr. 253.

## 9 Armreif

Bronze. Br. 8 cm, H. 6,2 cm
Luristan/Iran, frühes 1. Jahrtausend v. Chr.

Der offene Reif schließt mit zwei ausladenden reich gestalteten Enden ab. Aus dem relativ dünnen Reif wächst jeweils ein frontaler Löwenkopf, aus dessen Maul zwei nebeneinanderstehende Widderköpfe hervorkommen.
Diese Kombination von drei Tierköpfen stellt eine seltene Variante der Armreifen mit Tierkopfenden dar. Die frontale Darstellungsweise, bei der die Motive in der Aufsicht deutlich werden, ist charakteristisch für Luristan, wobei auch die Stilisierung der Tiere dieser Kultur entspricht. Ein unmittelbar vergleichbares Stück ist nicht bekannt.

Publ.: Das Tier in der Kunst Irans. Ausstellung Stuttgart (1972) Nr. 42 m. Abb. – Schmuck Nr. 7. – G. Zahlhaas, Luristan. Antike Bronzen aus dem Iran. Ausstellungskat. d. Archäol. Staatsslg. 33 (2002) Kat. 76.

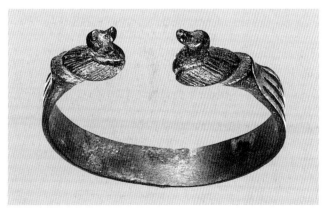

*Kat. 8*

*Kat. 9*

## 10 Anhänger

Bronze. H. 9,2 cm, Br. 8,8 cm
Luristan/Iran, 10./9. Jahrhundert v. Chr.

Der zentrale Ring ist mit Figuren am äußeren Kontur entlang besetzt, oben im Zentrum ein frontaler Steinbockkopf mit langen Ohren (also ein Mischwesen) und weit ausladenden Hörnern. Seitlich kriecht jeweils, geduckt der Rundung des Ringes folgend, ein katzenartiges Tier von starker Stilisierung. Auf der Rückseite befindet sich eine Öse.
Die Bewohner von Luristan in West-Iran waren berühmt für ihre Pferdezucht. Deshalb gibt es in dieser Kultur auch eine Vielzahl von Objekten, die zur Ausrüstung und zum Schmuck von Pferden gehörten. Die Wertschätzung der Pferde drückte sich darin aus, daß man deren Zaumzeug und sonstige Ausstattung mit in die Gräber gab.
Viele funktionelle Dinge wie Trensen und Zügelringe wurden mit reicher Verzierung ausgestattet. Zügelringe gibt es mit ganz ähnlicher Dekoration wie die des vorliegenden Anhängers.

Publ.: Das Tier in der Kunst Irans. Ausstellung Stuttgart (1972) Nr. 45 m. Abb. – Schmuck Nr. 8. – G. Zahlhaas, Luristan. Antike Bronzen aus dem Iran. Ausstellungskat. d. Archäol. Staatsslg. 33 (2002) Kat. 113.
Lit.: P. R. S. Moorey, Ancient Persian Bronzes in the Adam Collection (1974) Nr. 55. – P. Amiet, Les Antiquités du Luristan. Collection David Weill (1976) Nr. 129–130. – L. Vanden Berghe, Luristan. Vorgeschichtliche Bronzekunst in Iran. Ausstellungskat. d. Prähist. Staatsslg. 8 (1981) Nr. 61, Abb. 16. – L. Vanden Berghe, Luristan. Een verdwenen bronskunst uit West-Iran. Ausstellungskat. Gent (1982) Nr. 238–239. – O. W. Muscarella, Bronze and Iron. Ancient Near Eastern Artifacts in the Metropolitan Museum of Art (1988) Nr. 260–263..

## 11 Schmuckobjekt in Form einer Triskele

Bronze. Dm. 7,8–8,0 cm
Nord-Iran, seleukidisch oder parthisch, 3. Jahrhundert v. Chr./2. Jahrhundert n. Chr.

Das Schmuckobjekt hat die Form eines Dreierwirbels. Die drei Bögen sind mit je einer Kugel am Ende und einer an der Außenseite besetzt. Im Zentrum und auf jedem der

*Kat. 10*

Bögen sitzt ein kreisförmiger Wulst. Alle Ränder und die Wülste sind fein gekerbt. Auf der Rückseite befindet sich eine Öse. Das Ornament der Triskele ist in verschiedenen Kulturen verbreitet, z. B. der griechischen, der keltischen, der skythischen und der iranischen. Es wird wegen seiner permanenten rotierenden Bewegung als Sonnensymbol gedeutet.

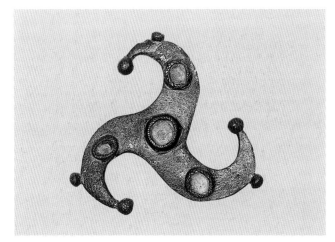

*Kat. 11*

Die Form dieses Stückes hat seine engsten Parallelen in Schmuckornamenten des Nordiran und wird in seleukidische bis parthische Zeit zu datieren sein.

Publ.: Schmuck Nr. 11.
Lit.: E. de Waele, Bronzes du Luristan et d'Amlash. Ancienne Collection Godard (1982) Nr. 346.

## 12 Anhänger

Bronze. L. 5,7 cm
Nord-Iran, parthisch, 1. Jahrhundert n. Chr.

Das stark stilisierte Figürchen eines Pferdes ist gegossen. Die Mähne bzw. der gebogene Hals sind stark betont, Körper und Beine haben einfache Röhrenform. Kerben am Rand der Mähne entlang geben die hochstehenden Haare an. Zwischen die Vorderbeine wurde ein Loch zum Aufhängen gebohrt.

Publ.: Das Tier im Iran. Ausstellung Stuttgart (1972) Nr. 83 m. Abb. – Schmuck Nr. 12.
Lit.: E. De Waele, Bronzes du Luristan et d'Amlash. Ancienne Collection Godard (1982) Nr. 283–284.

## 13 Ohrring

Gold und Achat. H. 4,1 cm
Vorderer Orient, parthisch, 1./2. Jahrhundert n. Chr.

Der Ohrring besteht aus einem runden dünnen Goldreif mit offenen Enden und Ösen. Im Zentrum unten hängt ein langes frei bewegliches Zierelement mit reicher Granulation, das unten ein tropfenförmiger Achat abschließt. Seitlich davon sind zylindrische Perlen mit Granulation abwechselnd mit Achatperlen aufgefädelt. Ein zusätzlicher dünner Golddraht verläuft auf der Rückseite des Ohrrings, ein moderner Drahtring hängt im Bügel.
Die Form dieses reich ausgestalteten Ohrrings ist sehr selten. Zwei Exemplare in Auktionen wurden als 1. Jahrtausend v. Chr. bzw. als parthisch angesprochen. Die Art des Verschlusses mit jeweils einer Öse an jedem Bügelende spricht für eine Datierung in parthische Zeit.
Später erlebte die Form eine Weiterentwicklung im byzantinischen Schmuckrepertoire und nahm von hier aus auch Einfluß auf den frühmittelalterlichen Schmuck Mitteleuropas.

Publ.: Schmuck Nr. 14.
Lit.: Sotheby's, Auktion London, 11. July 1988, Nr. 59. – Athena, Auktion München, 15. Mai 1990, Nr. 707.

*Kat. 12*

*Kat. 13*

## 14 Halskette
Farbtafel 4

Hellblaue Chalzedon- und Goldelemente. L. ca. 70 cm
Östlicher Mittelmeerraum, 1. Jahrhundert v. Chr. /1. Jahrhundert n. Chr.

Die neu gefädelte Kette setzt sich zusammen aus 90 leicht unregelmäßig kugeligen Chalzedonperlen von hellblauer Farbe in unterschiedlichen Schattierungen, die sich abwechseln mit kleineren Goldelementen. Den vorderen Teil bilden größere Perlen, die vordere Mitte betont eine etwas größere ovale Chalzedonperle, nach hinten zu nimmt die Größe der Perlen ab. Die goldenen Zwischenglieder der vorderen Partie bestehen aus sternförmig angeordneten Granalien. Bei den seitlichen Partien wurden kreisförmig angeordnete Granalien als Trenner verwendet.

Diese Art von Ketten mit der fortlaufenden Reihung annähernd gleichförmiger Elemente ist aus Originalfunden wie auch aus vielen Darstellungen bekannt. Sie eignen sich zum einen dazu, daß man die vordere Mitte durch Hinzufügen eines Anhängers betont, zum anderen kann man sie mit anderen Ketten unterschiedlicher Länge und Zusammensetzung kombinieren. Die meisten Beispiele dieser Form lassen sich im Bereich der parthischen Schmuckkunst finden. Das Tragen von vielen unterschiedlichen Ketten hatte im Alten Orient eine lange Tradition und breitete sich vom östlichen Mittelmeerraum nach Rom aus, wo ab dem 1. Jahrhundert n. Chr. diese Mode üblich wurde.

*Kat. 14*

Neben dem schmückenden Charakter sprach man den Halsketten seit Alters her auch apotropäische Bedeutung zu, wobei die Wahl des Materials der Perlen wichtig war. Die Farbe Blau sollte vor dem bösen Blick schützen.

Lit.: B. Musche, Vorderasiatischer Schmuck zur Zeit der Arsakiden und der Sasaniden (1988) 117 ff.

# Vorgeschichte Mitteleuropas

## 15 Offener Reif mit Strichmusterverzierung

> Bronze. Dm. 11 cm
> Frühe Urnenfelderzeit, Süddeutschland, 11./10. Jahrhundert v. Chr.

Der gleichmäßig dicke runde offene Reif von rundem Querschnitt weist im Inneren eine Gußnaht auf. Über die gesamte Außenfläche ist er mit feinen gravierten Strichmustern verziert. Das Gesamtrund wird durch vier breite Querstrichgruppen zwischen Fischgrätmuster in vier Felder unterteilt. Darin verlaufen zwischen je drei Schrägstrichgruppen Leiterbänder.
Die Dekoration ist charakteristisch für die frühe Urnenfelderzeit. Derartige Reifen, im vorliegenden Fall ein Fußreif, stammen aus Frauengräbern und sind im süddeutschen Raum verbreitet. Häufig wurden sie zu mehreren getragen.

> Lit.: H. Müller-Karpe, Münchner Urnenfelder. Kat. d. Prähist. Staatsslg. Bd. 1 (1957) Taf. 7 (Grünwald, Grab 1).

*Kat. 15*

## 16 Doppeltier als Anhänger

> Bronze. L. 4 cm
> Alpengebiet, 3./2. Jahrhundert v. Chr.

Der in seiner Grundform halbmondförmige Anhänger setzt sich aus den Vorderteilen von zwei Tieren zusammen, die nach links und rechts gerichtet sind. Es wird sich wohl um Pferde handeln, denn am Hals ist mit Kerben die Mähne angegeben. Die Ohren haben allerdings die Form von halbmondförmigem Rindergehörn. Die Schnauze ist ornamental wie eine Art Blüte ausgebildet, die Vorderbeine sind S-förmige Stege.
Oben ist eine große dreieckige Öse angegossen.

> Lit.: vgl. die Doppelpferdchen von Sanzeno: Archäologisches Korrespondenzblatt 16, 1986, 73 Abb. 5.

*Kat. 16*

# Griechenland

### 17 Fingerring

> Gold und Bandachat. Dm. 2 cm, Stein: Br. 1,6 cm, H. 1,2 cm
> Griechisch, 5. Jahrhundert v. Chr.

Der Fingerring besteht aus einer Golddrahtschiene mit spiralig umwickelten Enden und einem drehbaren Skarabäoid mit eingetiefter Darstellung auf der flachen Unterseite. Als Motiv wurde ein springender Stier gewählt.
Stil und Motiv haben ihre Parallelen in gräco-persischen Siegelsteinen. Im Westen des achämenidischen Reiches existierten eine Reihe von Gemmenwerkstätten, die unter starkem griechischen Einfluß standen. Die Form der Skarabäen und Skarabäoiden wurde von Griechenland übernommen, ebenso zahlreiche Stilelemente. Der persischen Kunst entstammt die Darstellung des fliegenden Galopps der Tiere.
Die Darstellung des springenden Stieres ist in die 2. Hälfte des 5. Jahrhunderts v. Chr. zu datieren.

> Publ.: Schmuck Nr. 16.
> Lit.: J. Boardman, Greek Gems and Finger Rings. Early Bronze Age to Late Classical (1970) Nr. 912–913.

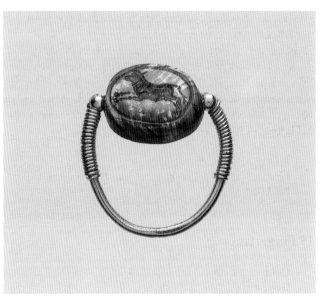

*Kat. 17*

### 18 Nadel

> Gold und Rubin. L. 11,3 cm
> Griechisch, 5. Jahrhundert v. Chr.

Die Nadel ist aus zwei Teilen zusammengesetzt: aus der spitzen Nadel und dem aus Goldblech getriebenen (in zwei Hälften) ovalen aufgesteckten Kopf. Auf der Vorder-

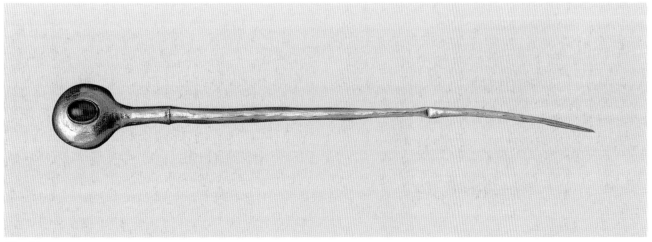

*Kat. 18*

seite ist der Kopf mit einem gefaßten Rubin versehen, auf der Rückseite sitzt oben eine kleine Öse.

Es handelt sich hier um einen recht seltenen Nadeltyp, zu dem ein fast identisches Parallelstück in einer Münchner Privatsammlung existiert. Möglicherweise kann man ihn mit einem Nadelexemplar in Kassel vergleichen, das selbst völlig isoliert dasteht und aufgrund der Granulation in die 1. Hälfte des 5. Jahrhunderts v. Chr. datiert wird.

Publ.: Schmuck Nr. 17.
Lit.: Fr. Naumann, Antiker Schmuck. Katalog Kassel (1980) Nr. 149.

## 19 Fingerring  Farbtafel 1

Gold. H. 2,2 cm, Platte 2,0 x 1,0 cm
Griechisch, 4. Jahrhundert v. Chr.

Die Schiene ist aus zwei umeinander geschlungenen dicken Golddrähten gebildet. Sie enden seitlich in zwei kleinen Hülsen. Dazwischen ist die gerade lanzettförmige Platte gesetzt. Diese umgeben fein profilierte Ränder, der äußere ornamentiert mit rhythmisiertem, der innere mit einfachem Perlband. Auf die Bildfläche ist mit feinen Golddrähten ein Rankenornament aufgelötet, bereichert mit einer Blüte, einer Palmette und Granulationskügelchen als einer Art Früchte.

Die Form des Ringes ist für die späte Klassik charakteristisch. Ein in Form und Ornament fast gleicher Ring befindet sich in der Sammlung Melvin Gutman.

Publ.: Schmuck Nr. 18.
Lit.: Ch. Parkhurst, Melvin Gutman Collection of Ancient and Medieval Gold: Allen Memorial Art Museum Bulletin 18, 1961, Nr. 67. – H. Hofmann u. P. F. Davidson, Greek Gold. Jewelry from the Age of Alexander (1965) Nr. 105.

## 20 Fingerring

Bronze. Dm. 2,1 cm, Platte 2,3 x 1,4 cm
Hellenistisch, 3./2. Jahrhundert v. Chr.

Die kräftige Schiene rundet sich und sitzt an den Spitzen der leicht abgesetzten lanzettförmigen Platte an. In diese ist die Darstellung tief in die Bronze eingearbeitet. Als Motiv ist Herakles gewählt. Er steht leicht nach links gewendet. Mit seiner Linken stützt er sich auf seine Keule, in der Rechten hält er aufrecht den Bogen, während über dem rechten Unterarm das Löwenfell hängt.

Die Ringform leitet sich von spätklassischen griechischen Formen ab, ist aber anscheinend vor allem im Osten auch im Hellenismus verbreitet, wobei die Platte etwas gegen die Schiene abgesetzt wird. Auch die in die Metallplatte eingetiefte Darstellung ist dafür typisch.

Herakles wird als Motiv für Fingerringe gerne verwendet, da er eine in allen Lebenslagen hilfreiche Gottheit dar-

*Kat. 19*

*Kat. 20*

stellt, durch deren Abbildung sich der Träger des Ringes schützen kann.

Publ.: Schmuck Nr. 19.
Lit.: Form: G. Zahlhaas, Antike Fingerringe und Gemmen. Die Sammlung Dr. E. Pressmar. Ausstellungskat. d. Prähist. Staatsslg. 11 (1985) Nr. 28 u. 29.
Form und Stil: F. H. Marshall, Catalogue of the Finger Rings, Greek, Etruscan an Roman in the Departments of Antiquities. British Museum (Reprint 1968) Nr. 1241.

## 21 Fingerring

Bronze. Dm. 2,3 cm, Platte 1,4 x 1,9 cm
Hellenistisch, 3./2. Jahrhundert v. Chr.

Die gleichförmig gerundete Schiene endet an den Spitzen der leicht abgesetzten lanzettförmigen Platte. Das Bild ist in die Metallplatte eingetieft und zeigt einen nach links schreitenden Stier mit gesenktem Kopf und kurzen Hörnern. Der Körper erscheint fast so schlank wie der eines Pferdes. Der lange Schwanz mit der Quaste am Ende zeigt aber, daß es sich um einen Stier handeln muß. Über dem Tier im Feld ein Halbmond.

Publ.: Schmuck Nr. 20.
Lit.: Vgl. Nr. 20.

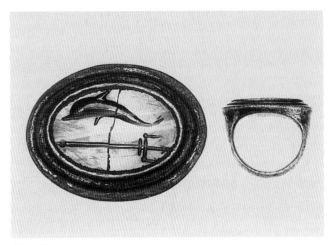

Kat. 22

## 22 Fingerring

Bronze, vergoldet, und gestreifter Sardonyx. H. 2,0 cm, Platte 2,5 x 2,0 cm
Hellenistisch, 2. Jahrhundert v. Chr.

Der kräftige gegossene Ring besitzt eine im Querschnitt D-förmige Schiene. Sie weitet sich nach oben hin stark aus, so daß die Platte den Körper rundum weit überragt. Die ovale Platte ist dreifach zur ebenfalls ovalen Sardonyxgemme hin abgetreppt. Quer über das Bildfeld der Gemme verlaufen drei helle Streifen. Die Darstellung zeigt oben einen Delphin nach links und unten einen Dreizack nach rechts. Durch den Stein geht senkrecht ein Sprung.
Die Ringform in ihrer schweren stark plastischen Art ist für den Hellenismus bis in das 1. Jahrhundert v. Chr. charakteristisch.
Von der ursprünglichen Vergoldung sind noch Reste am profilierten Plattenrand erhalten.

Publ.: Schmuck Nr. 21.
Lit.: F. H. Marshall, Catalogue of the Finger Rings, Greek, Etruscan and Roman in the Departments of Antiquities. British Museum (Reprint 1968) Nr. 1275.

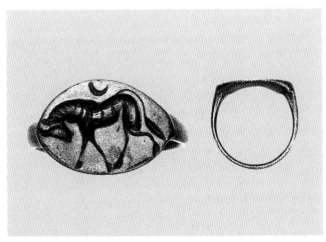

Kat. 21

## 23 Fingerring

Gold. Dm. 1,8 cm, H. 2,5 cm
Hellenistisch (?)

Der gegossene Ring ist von offener Form, die Enden sind jeweils als Tierköpfe gestaltet. Die im Querschnitt D-förmige Schiene schwillt an bis zu einem doppelten gekerbten Kragen, der von je drei Bögen aus dünnem Kerbdraht und Granulationskügelchen begleitet wird. Die Verzierung der Schiene besteht außen aus kleinteiligem gepunztem Schuppenmuster. Die großen einander zugewandten Tierköpfe sind schwer zu bestimmen und mischen Züge von Löwen und Schlangen. Zwischen sie war ursprünglich etwas eingefügt (ein Schmuckstein?), da sich in beiden Mäulern Reste von Stiften befinden.

Die anschwellende Schiene wie auch die abschließenden Kragenleisten erinnern eher an Ohrringe mit Löwenköpfen, während das Schuppenmuster auf der Schiene auf die bekannten Schlangenringe weist. Ein Vergleichstück zu Form und Gestaltung in dieser Mischung ist nicht bekannt. Einen ungefähr vergleichbaren Fingerring symmetrischer Form mit zwei Löwenköpfen gibt es in der Sammlung Mildenberg. Diese besondere Form wird dadurch erklärt, daß er zu einem „Set" aus Armbändern, Ohrringen und Halsband passen sollte.

Publ.: Schmuck Nr. 22.
Lit.: Tierbilder aus vier Jahrtausenden. Antiken der Sammlung Mildenberg (1981) Nr. 140.

## 24 Anhänger

Gold. H. 2,5 cm
Hellenistisch, 1. Jahrhundert v. Chr.

Die kleine aus Gold gegossene Statuette zeigt einen geflügelten Knaben in phrygischer Tracht (typische spitze Mütze und geknöpfte Hose). Sie stellt Eros dar in einer Tracht, die sonst für Attis üblich ist, eine orientalische Gottheit der Wiedergeburt und Auferstehung im Gefolge der Kybele. Über dem Kopf hält Eros eine kahlköpfige Theatermaske.

Eroten waren als Anhänger an Schmuckstücken äußerst beliebt. Dabei sind sie unterschiedlich charakterisiert. Sie

*Kat. 23*  *Kat. 24*

halten Toilettengegenstände in Händen und demonstrieren so ihre Zugehörigkeit zum Bereich der Aphrodite. Manchmal führen sie Musikinstrumente mit sich oder andere Attribute der Musen wie hier die Theatermaske. Mittels einer Öse am Kopf konnte das Figürchen angehängt werden. Am häufigsten wurden Erotenanhänger als Verzierung von Ohrringen verwendet. Dabei finden sich auch Beispiele von Eroten in phrygischer Tracht. Vergleichbare Stücke wurden syrischen Werkstätten zugeschrieben, wo die Ikonographie eines syro-hellenistischen Attis als Mischung mit Eros verständlich wäre. Die Datierung dieser Parallelen durch Grabfunde beweist eine Zuordnung in das 1. Jahrhundert v. Chr.

Publ.: Schmuck Nr. 23.
Lit.: B. Segall, Museum Benaki. Katalog der Goldschmiedearbeiten (1938) Nr. 43. – M. J. Vermaseren, The Legend of Attis in Greek and Roman Art (1966) Taf. 39 f. – H. Hoffmann u. V. v. Claer, Antiker Gold- und Silberschmuck (1968) Nr. 81.

## 25 Fuchsschwanzkette

Gold. L. 60 cm
Hellenistisch, ca. 2. Jahrhundert v. Chr.

Die sehr gleichmäßig gearbeitete vierspurige Fuchsschwanzkette besitzt noch ihren originalen Verschluß. Die Enden sind in kleine geschlossene Zylinder gefaßt, an einem sitzt eine runde Öse, am anderen eine Öse und ein S-förmiger Haken.

Fuchsschwanzketten waren schon in Mesopotamien erfunden worden, Beispiele aus den Königsgräbern von Ur datieren in das spätere 3. Jahrtausend v. Chr. Die Griechen hatten die Technik wohl über die Phöniker in geometrischer Zeit (9. Jahrhundert v. Chr.) übernommen. In den späteren Kulturen wurden sie weiterhin sehr geschätzt, zumal sich auch die Möglichkeit bot, im Kontrast zu dem einheitlichen Erscheinungsbild der Ketten die Verschlüsse phantasievoll und aufwendig zu gestalten (vgl. Nr. 45). Und vor allem eigneten sie sich zum Auffädeln von unterschiedlichsten Anhängern.

Die Fuchsschwanzkette entsteht durch das Ineinanderflechten von zwei bis drei überkreuz angeordneten flachgedrückten 8-förmigen Kettengliedern. Das fertige Produkt wirkt wie gestrickt.

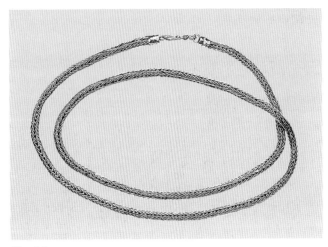

*Kat. 25*

Publ.: Schmuck Nr. 24.
Lit.: Technik: R. Higgins, Greek and Roman Jewellery (1980) 16 f.
Auswahl in Beispielen: K. R. Maxwell-Hyslop, Western Asiatic Jewellery c. 3000–612 B.C. (1974) Nr. 12 (3. Jahrtausend v. Chr.). – B. Deppert-Lippitz, Griechischer Goldschmuck (1985) Taf. 11 (um 800 v. Chr.). – ebd. Taf. XXIII (4./3. Jh. v. Chr.). – G. Zahlhaas, De oudheid versierd. Katalog Heerlen (1991) Nr. 7 m. Abb. (2. Jahrhundert v. Chr.). – F. H. Marshall, Catalogue of the Jewellery, Greek, Etruscan and Roman in the Departments of Antiquities. British Museum (Reprint 1969) Nr. 2720 (2./3. Jahrhundert n. Chr.). – T. Hackens u. R. Wolf, Gold Jewelry (1983) Nr. 45 (11. Jahrhundert oder später).

# Italien

## 26 Sanguisuga-Fibel

> Bronze. L. 6,6 cm
> Italien, 8. Jahrhundert v. Chr.

Die Fibel besitzt einen hohlen stark gewölbten Bügel, an dem die Spirale mit zweieinhalb Windungen und die Nadel sowie der kurze umgebogene Fibelfuß ausgearbeitet sind. Dekoration findet sich auf der Oberseite des Bügels. Durch flache Leisten werden waagrechte Streifen und senkrechte Felder gebildet. Sie sind mit fischgrätartiger Schraffur und mit Kreisaugen gefüllt.

> Publ.: Schmuck Nr. 25.
> Lit.: D. u. F. R. Ridgeway, Italy before the Romans. The Iron Age, Orientalizing and Etruscan Period (1979) 417 ff., 428 Abb. 3, 2 (Este II B).

## 27 Fingerring

> Bronze. Dm. 2 cm
> Italisch, 3. Jahrhundert v. Chr.

Der Kontur des Ringes ist innen kreisförmig, außen U-förmig. Die im Querschnitt flach D-förmige Schiene ver-

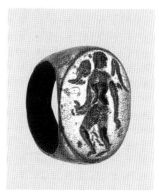

Kat. 27

breitert sich gleichmäßig zur großen ovalen Platte hin, in welche die Darstellung eingetieft ist. Sie zeigt eine geflügelte Figur mit frontalem Körper, nach links schreitenden Beinen im Profil und nach rechts gewendetem Kopf. Die Figur scheint mit einem kurzen Gewand bekleidet, das allerdings nicht im Detail angegeben ist, sondern nur durch die geringere Höhe des Reliefs angedeutet sein könnte. Die Taille ist durch zwei merkwürdige Bögen betont.

Die Figur könnte Eros darstellen – dann wäre sie nackt zu sehen – und würde damit zur Ikonographie des Liebesgottes passen, der in hellenistischer Zeit noch häufig als Jüngling vorkommt und nicht als Kind. Es könnte aber auch die Siegesgöttin Nike gemeint sein. Eine weitere Möglichkeit wird durch einen Skarabäus mit der Darstellung des geflügelten Perseus aufgezeigt, der im etruskischen Bereich seinen Platz hat.

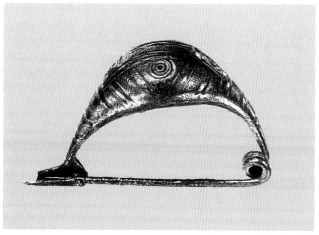

Kat. 26

Kat. 28

Lit.: Form: J. Boardman, Greek Gems and Finger Rings. Early Bronze Age to Late Classical (1970) 385 (um 300 v. Chr., Ring Shapes II).
Motiv: P. Zazoff, Etruskische Skarabäen (1968) Nr. 99 (Perseus).

## 28 Skarabäus

Karneol in moderner Ringschiene aus Gold. Dm. 1,7 cm, Stein Br. 1,2 cm, H. 1,0 cm
Italisch, 2. Jahrhundert v. Chr.

Der Skarabäus zeigt auf der Oberseite die charakteristischen Formen des Käfers, der bei den Ägyptern als Zeichen des ewigen Werdens und der Wiedergeburt verehrt wurde und sich in dieser Amulettform über den gesamten Mittelmeerraum verbreitete. Der Stein ist der Länge nach durchbohrt. Die flache Unterseite diente für Darstellungen und Siegelbilder.
Im Bildfeld verläuft am Rand entlang eine einfache negative Linie. In der Fläche ist ein Capricorn nach links dargestellt, darüber ein Delphin.

Publ.: Schmuck Nr. 26. – Pferdemann und Löwenfrau. Mischwesen der Antike. Ausstellungskat. d. Archäol. Staatsslg. 31 (2000) Kat. 131.
Lit.: P. Zazoff, Die Antiken Gemmen. Handbuch der Archäologie (1983) 237 ff.

# Römisches Reich

### 29 Anhänger

Achat. H. 3,8 cm
Hellenistisch-römisch, 1. Jahrhundert v. Chr./1. Jahrhundert n. Chr.

Der tropfenförmige, unten etwas abgeflachte Anhänger aus dunkelbraun, hellbraun und weiß geschichtetem Achat ist oben für eine Aufhängeöse durchbohrt. Durch die Bohrung ist ein dünner Golddraht als 8er-förmige Öse gezogen.

*Kat. 30*

Anhänger dieser einfachen Form sind wohl nicht eindeutig zeitlich zuzuweisen, sind aber aus dem östlichen hellenistisch-römischen Bereich bekannt. Sie konnten an Halsketten oder an Ohrringe angehängt werden.

Lit.: L. S. Dubin, The History of Beads (1987) Abb. 42 links oben; Bead Chart 348 a–c.

*Kat. 29*

### 30 Fingerring mit Cameo    Farbtafel 1

Gold, Schichtachat. Ring: Innerer Dm. 2 x 1,7 cm, H. 2,4 cm, Br. 3,1 cm; Cameo: H. 2,5 cm, Br. 1,8 cm
Römisch, Ring 3./2. Jahrhundert v. Chr.; Cameo 2. Hälfte 2. Jahrhundert n. Chr.

Der massiv gegossene Goldfingerring entspricht dem hellenistischen Ringtypus, bei dem der obere Teil insgesamt erhöht ist, wobei sein seitlich zur Platte hin geschwungen ausladender Kontur in das späte 3. bzw. frühe 2. Jahrhundert v. Chr. weist. Die flache ovale Platte umgibt ein breiter einfacher Goldrand als Rahmen für die Einlage. Im jetzigen Zustand ist hier ein Cameo eingesetzt, der aus späterer Zeit stammt.

Bei dem hochovalen Cameo aus weiß und braun geschichtetem Achat ist das untere Drittel des Hintergrundes ergänzt. Das aus der weißen Schicht fein herausgearbeitete Bildmotiv – ein Frauenporträt nach rechts – ist gut erhalten. Es zeigt eine Frauenbüste mit drapiertem Gewandansatz und einer sehr sorgfältig ausgeführten Frisur mit vier parallelen Wellenreihen und einem tiefsitzenden Knoten im Nacken, der durch Kerben gemustert ist. Diese Haartracht wiederholt sich bei Porträts weiblicher Mitglieder des Kaiserhauses aus spätantoninischer Zeit, z. B. bei Faustina Minor oder Lucilla.

Lit.: Ringform: F. H. Marshall, Catalogue of the Finger Rings. Greek, Etruscan, and Roman in the Departments of Antiquities. British Museum (Nachdruck 1968) Nr. 374. – Gli Ori di Taranto in Età Ellenistica (1989) Nr. 227.
Cameo: Kette mit Münzanhängern und Cameos aus Naix-aux-Forges: H. Guiraud, Intailles et camées de l'époque romaine en Gaule. 48. Suppl. Gallia (1988) Nr. 996. – M. Henig, The Content Family Collection of Ancient Cameos (1990) Nr. 70/71.

*Kat. 31*

## 31 Fingerring

Bronze-Email. Dm. 2,0 cm
Britanno-römisch, 2./1. Jahrhundert v. Chr.

Der Ring besitzt eine im Querschnitt ovale Schiene, die sich zu den Schultern hin verbreitert und in die runde, leicht gewölbte Platte übergeht. Das runde Bildfeld der Platte ist mit einer gepunzten Triskele verziert, an deren Enden drei runde Vertiefungen mit rotem Email gefüllt sitzen. Die Restfläche ist mit Schraffuren verziert.
Die Verwendung von Email zur farblichen Bereicherung von Schmuckstücken nahm ihren Ausgang von den britischen Inseln und steht in keltischer Tradition. Hierauf weist auch das Dekorationsmuster der Triskele. Fingerringe in dieser Technik sind sehr selten, Technik und Dekoration lassen sich aber gut mit jener von emaillierten Scheibenfibeln oder Siegelkapseln vergleichen, auch wenn diese z. T. eindeutig jünger sind.

Lit.: K. Exner, Die provinzialrömischen Emailfibeln der Rheinlande: 29. Bericht d. Römisch-Germanischen Kommission, 1939, Taf 14, III 8.31. – R. Hattat, Ancient Brooches and Other Artefacts (1989) Abb. 203 Nr. 120 u. 524.

## 32 Fingerring mit Cameo   Farbtafel 1

Gold, Achat. Innerer Dm. 1,9 cm, H. 2,8 cm; Cameo 1,5 x 2,0 cm
Römisch, 1. Jahrhundert v. Chr. /1. Jahrhundert n. Chr.

Der Fingerring besitzt U-Form, wobei die Platte erhöht ist. Das Material ist kräftiges Goldblech, die stabilisierende Füllung ist intakt. Oben ist ein querovaler Cameo aus Lagenachat eingesetzt. Das Bild zeigt auf rötlich-braunem Untergrund die Darstellung in Weiß: auf einem Bodenstreifen steht im Zentrum ein Kelchkrater, dessen Körper im Profil und dessen Öffnung in Schrägansicht erscheint. Rechts davon steht ein feister Silen, nackt bis auf einen schmal zusammengelegten Mantel, und umfaßt seine Mündung. Der große Kopf entspricht dem klassischen Silenstypus mit struppigem Bart, kahlem Kopf, stumpfer Nase und Tierohren. Um die Stirn trägt er einen Efeukranz. Auf der linken Seite schreitet ein Kind mit zurückgewendetem Kopf – wohl ein ungeflügelter Eros – auf das große Mischgefäß zu. In der rechten Hand hält es ein Gefäß, um damit Wein aus dem Krater zu schöpfen.
Die Form des Ringkörpers entspricht einem im Hellenismus entwickelten Typus, der mit leichten Variationen im 1. Jahrhundert v. Chr. und im frühen 1. Jahrhundert n. Chr. in die römische Schmuckkunst übernommen wurde. Die Datierung des Cameo entspricht jener des Ringes.
Zu diesem Cameo gibt es zwei im Motiv verwandte Stücke, die einem berühmten Gemmenschneider (Sostratos) zugeschrieben werden. Das anscheinend bekannte und beliebte Motiv wurde hier jedoch von einem weniger fähigen Steinschneider ausgeführt.

*Kat. 32*

Publ.: Münchner Jahrbuch der Bildenden Kunst 3. F., 51, 2000, 264 m. Abb.
Lit.: Form: F. H. Marshall, Catalogue of the Finger Rings. Greek, Etruscan, and Roman, in the Departments of Antiquities. British Museum (Nachdruck 1968) XLII Typus C 23–25. – Fr. Henkel, Die römischen Fingerringe der Rheinlande und der benachbarten Gebiete (1913) Nr. 125–126 (Gold), Nr. 1428–1434 (Eisen).
Motiv: J. Boardman, Engraved Gems. Ionides Collection (1968) Nr. 59. – Auktion Sternberg 7./8. November 1994, Nr. 805. – M. L. Vollenweider, Die Steinschneidekunst und ihre Künstler in spätrepublikanischer und augusteischer Zeit (1966) 32 ff .Taf. 23–27. – Die Zuweisung des Cameo in der Auktion Sternberg erscheint fraglich, wenn man nach den Stilkriterien geht, die bei Werken dieses Künstlers postuliert werden. Vgl. auch J. Spier, Ancient Gems and Finger Rings. Catalogue of the Collections. The J. Paul Getty Museum (1992) Nr. 428.

## 33 Halskette

Karneol und Silber. L. 90 cm
Römisch, 1. Jahrhundert v. Chr./1. Jahrhundert n. Chr.

Die neu gefädelte und mit einem Verschluß versehene Halskette besteht einheitlich aus kleinen etwas unregelmäßig runden Karneolperlen mit winzigen zylindrischen Silberperlen dazwischen. Ketten dieses Typus sind selten, wahrscheinlich deswegen, weil sie nur bei sorgfältigen Ausgrabungen zu finden sind. Ketten mit Metallgliedern und -verbindungen erhalten sich naturgemäß geschlossen, während sich auf Faden aufgezogene Perlen leicht verlieren.
Ein datierbarer Fundzusammenhang mit diesen zwar einfachen, aber doch recht typischen rundlichen Karneolperlen stammt aus einem Grab seleukidisch-parthischer Zeit aus Uruk. Auch aus Herkulaneum ist die Form belegt.
Karneol ist der unter den Halbedelsteinen wohl am häufigsten verwendete Schmuckstein, vor allem für Perlenketten und für Gemmen. Das Material wurde aus Indien importiert.

Publ.: Schmuck Nr. 27.
Lit.: E. M. Aleksejewa, Antikschnye busy severnogo Pritschernomorja (1975) Taf. 18, 3 u. 19. – K. Limper, Uruk. Perlen – Ketten – Anhänger (1988) Taf. 57 Nr. 338. – L. A. Scatozza Höricht, I Monili di Ercolano (1989) 87 ff., Nr. N 196 Taf. IV 2.

Kat. 33

## 34 Fingerring    Farbtafel 1

Eisen und Jaspis. Dm. 1,8 cm, H. 2,5 cm. Gemme 1,9 x 1,8 cm
Römisch, 1. Jahrhundert v. Chr.

Die im Querschnitt D-förmige Schiene bildet einen runden Reif, der sich nach oben leicht verbreitert und in der

Kat. 34

*Tafel 1: (oben) Kat. 35, 50, 41 – (Mitte) Kat. 30, 64, 32 – (unten) Kat. 34, 19, 47*   ▷
*Tafel 2: Kat. 61, 62*   ▷▷

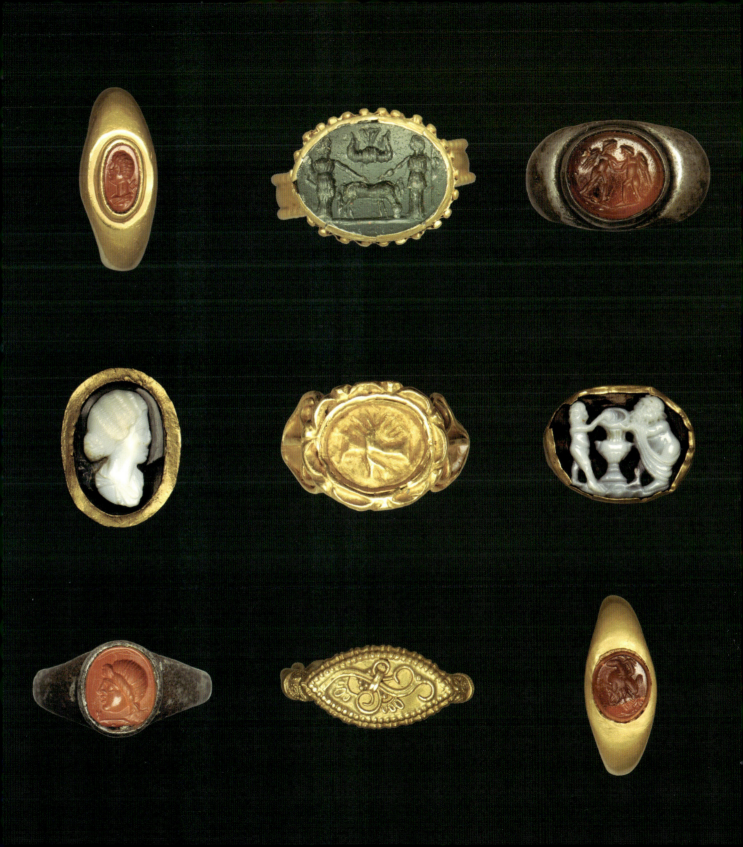

hinteren Hälfte mit zwei seitlichen lanzettförmigen Knubben verziert ist. Die oben aufsitzende 0,4 cm hohe zylindrische Platte bildet die Fassung für die Jaspisgemme, in die eine Maske nach links eingeschnitten ist, darunter eine querliegende Fackel.

Publ.: Schmuck Nr. 28
Lit.: Form: A. Dimitrova-Milceva, Antike Gemmen und Kameen aus dem archäologischen Nationalmuseum in Sofia (1980) Nr. 117.
Motiv: M.-L. Vollenweider, Catalogue Raisonné des Sceaux Cylindriques, Intailles et Camées. Vol. II (1979) Nr. 341.

## 35 Fingerring                              Farbtafel 1

Gold und roter Jaspis. Dm. 1,6–1,8 cm, H. 2,3 cm, Gemme 0,9 x 0,5 cm
Römisch, 1. Jahrhundert v. Chr.

Die Schiene des Fingerringes, die im Querschnitt D-förmig ist, verbreitert sich nach oben hin. Dort ist die hochovale Gemme aus rotem Jaspis in einem profilierten Rand gefaßt. Auf der Gemme ist als Intaglio ein unbärtiger Männerkopf nach links dargestellt, der sich durch seine durch kurze Striche angegebene Frisur auszeichnet. Ein kleines Kerykeion hinter seinem Kopf, also der Heroldstab, macht die Benennung des Dargestellten als Merkur möglich. Der Stil entspricht der spätrepublikanischen Kunst Roms im 1. Jahrhundert v. Chr.

Publ.: Schmuck Nr. 29.
Lit.: Merkur: E. Brandt, A. Krug, W. Gercke u. E. Schmidt, Antike Gemmen in Deutschen Sammlungen I, München 3 (1972) Nr. 821.
Frisurentyp: E. Brandt u. E. Schmidt, Antike Gemmen in Deutschen Sammlungen I, München 2 (1970) Nr. 951.

## 36 Fingerring

Jaspis in moderner Ringfassung. H. 1,4 cm, Br. 1,1 cm
Römisch, 1. Jahrhundert v. Chr.

In den roten Jaspis ist ein Doppelkopf geschnitten: Nach links blickt ein Panskopf mit struppigem Haar und üppigem Vollbart und Ziegenhörnern, nach rechts ist der damit verbundene unbärtige Kopf gewendet. Aus seinen Haaren kommen entweder zwei Krebsscheren hervor oder es schlängeln sich zwei Schlangen heraus. Unter seinem Kinn ist ein kleiner Phallus zu sehen. Unter den beiden Köpfen liegt quer ein Pedum, der Hirtenstab des Pan.
Die Kombination ist ungewöhnlich. Es kann sich bei den Köpfen um Pan und eine Mäande oder um Pan und Triton handeln. Doppelköpfe sind in der frühen römischen Kaiserzeit ein sehr beliebtes Motiv, das als Variante zu den Grotesken gehört, die ihre Tradition aus dem Hellenismus herleiten.

Publ.: Schmuck Nr. 30.

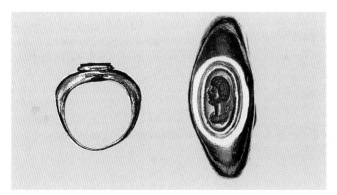

Kat. 35

Kat. 36

◁ ◁ Tafel 3: Kat. 46, 74
◁ Tafel 4: Kat. 14

## 37 Fingerring

Gold und Smaragd. Dm. 1,6–1,8 cm, H. 2,4 cm
Römisch, 1. Jahrhundert v. Chr.

In der unteren Hälfte besteht die Schiene aus einem flachen Goldblechstreifen. Die obere Hälfte setzt sich aus zwei schmalen, zur Mitte hin dicker werdenden Bügeln zusammen, die mittels eines Scharniers zusammengehalten und mit dem unteren Teil der Schiene verbunden sind. Als Schmucksteine sind zwei Smaragde verwendet.
Die Konstruktion dieses Ringes ist sehr ungewöhnlich. Zwar sind sowohl Doppelringe bekannt als auch Scharnierringe. Für die Kombination beider Elemente fehlt bisher jede Parallele.
Über den Sinn von Doppelringen ist nichts bekannt. Vermutlich sollen zwei nebeneinander getragene Ringe vorgegeben werden. Ebenso wenig läßt sich zum Zweck der Scharniere sagen, die seit dem Hellenismus belegt sind.

Publ.: Schmuck Nr. 31.
Lit.: Doppelringe: F. Naumann, Antiker Schmuck. Katalog Kassel (1980) Nr. 130.
Scharnier: F. H. Marshall, Catalogue of the Finger Rings, Greek, Etruscan and Roman in the Departments of Antiquities. British Museum (Reprint 1968) Nr. 721, 757, 843, 844. – B. Deppert-Lippitz, Griechischer Goldschmuck (1985) 208. – A. B. Chadour u. R. Joppien, Schmuck II. Fingerringe, Kunstgewerbemuseum der Stadt Köln (1985) Nr. 37.
Form: B. Deppert-Lippitz, Goldschmuck der Römerzeit im Römisch-Germanischen Zentralmuseum (1985) Nr. 95. – Marshall a.a.O. Nr. 762 (Dreierring).

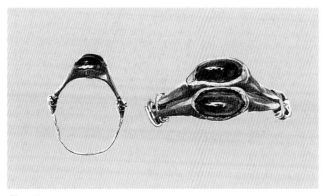

Kat. 37

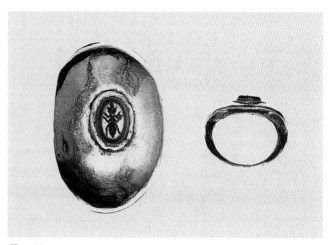

Kat. 38

## 38 Fingerring

Goldblech und braun-weißgeschichteter Achat. Dm. 1,2–1,6 cm, H. 1,8 cm, Br. 2,2 cm, Gemme 0,6 x 0,4 cm
Römisch, 1. Jahrhundert n. Chr.

In den sehr voluminösen hochgewölbten Fingerring ist eine kleine Gemme aus Schichtachat gefaßt. Die Darstellung auf der Gemme zeigt eine kleine Ameise. Der Ringkörper besteht aus Goldblech, das mit einer kompakten Masse gefüllt ist.
Die Form des Ringes entspricht dem Schmuckstil des 1. Jahrhunderts n. Chr. Typisch ist die Wahl geometrischer Formen wie hier der Halbkugel. Die Wirkung der glatten Oberfläche ist ganz bewußt beabsichtigt. Als Symbol des Wohlstandes als Folge von ordentlichem Wirtschaften war die Ameise ein beliebtes Motiv.

Publ.: Schmuck Nr. 32.
Lit.: Stil: B. Deppert-Lippitz, Goldschmuck der Römerzeit im Römisch-Germanischen Zentralmuseum (1985) 3.
Form: R. Siviero, Gli Ori e le Ambre del Museo Nazionale di Napoli (1954) 84, 345, Taf. 211, 214.
Motiv: E. Brandt, A. Krug, W. Gercke u. E. Schmidt, Antike Gemmen in Deutschen Sammlungen I, München 3 (1972) Nr. 2841. – M. Henig, A Corpus of Roman Engraved gemstones from British Sites (1978) Nr. 711. – A. Dimitrova-Milceva, Antike Gemmen und Kameen aus dem archäologischen Nationalmuseum Sofia (1980) Nr. 218 ff.

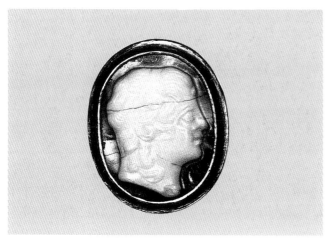

*Kat. 39*

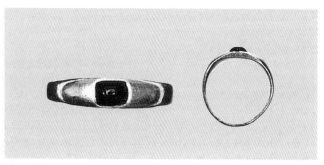

*Kat. 40*

## 39 Cameo

Onyx in neuem Goldring. H. 2,4 cm, Br. 1,8 cm
Römisch, 1. Jahrhundert n. Chr.

Bei dem weiß und blaugrau geschichteten Onyx hebt sich der nach rechts gerichtete Kopf weiß vom dunkleren Untergrund ab. Dargestellt ist ein jugendlicher unbärtiger Mann mit reich gelocktem Haar, in das eine Binde gebunden ist. In der oberen Hälfte verläuft quer ein Sprung.
Der Typus geht auf Alexanderporträts und im weiteren auf ptolemäische Herrscherbildnisse zurück. Eine Gemme mit dem Bildnis Alexanders d. Gr. lieferte bis in Details der Frisur – z. B. die berühmte Locke über der Stirn – die Vorlage. Die Locken sind allerdings starr schematisiert und z. T. sogar mißverstanden.

Publ.: Schmuck Nr. 33.
Lit.: M.-L. Vollenweider, Deliciae Leonis (1984) Nr. 259. – J. Boardman, Greek Gems and Finger Rings. Early Bronze Age to Late Classical (1970) Nr. 998.

## 40 Fingerring

Gold und Smaragd. Dm. 1,6 cm, H. 2,0 cm
Römisch, 1. Jahrhundert n. Chr.

Die im Querschnitt D-förmige Schiene verbreitert sich gleichmäßig leicht nach oben, wo der kleine viereckige Smaragd eingesetzt ist. Dieser Ringtypus ist vor allem in den Vesuvstädten verbreitet. Sowohl die Form wie auch der Smaragd scheinen im 1. Jahrhundert n. Chr. besonders beliebt gewesen zu sein.

Publ.: Schmuck Nr, 34.
Lit.: L. A. Scatozza Höricht, I Monili di Ercolano (1989) Nr. 16–18. – A. d´Ambrosio u. E. De Carolis, I Monili dall´Area Vesuviana (1997) Nr. 74–75; 323–324.

## 41 Fingerring    Farbtafel 1

Silber und Karneol. Dm. 1,6–1,8 cm, H. 2,1 cm
Römisch, 1./2. Jahrhundert n. Chr.

Die flache Ringschiene verbreitert sich stark nach oben zu, um dort die Grundfläche für die querovale Gemme zu bilden. Die Schultern sind leicht betont. Die Gemme ist in einem niedrigen Rand gefaßt.

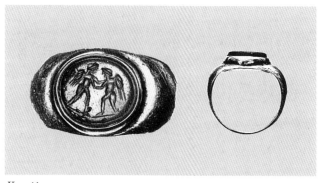

*Kat. 41*

Im Bildfeld sind zwei kindliche Flügelwesen dargestellt, die miteinander raufen; unten liegen quer zwei Fackeln. Das Bildschema gibt es für zwei Eroten, für Eros und Anteros (Liebe und Gegenliebe) und für Eros und Psyche und stellt eine Variation der unzähligen Erotenbilder dar, die vor allem in der Schmuckkunst äußerst verbreitet waren.

Publ.: Schmuck Nr. 35. – E. Zwierlein-Diehl, Die Gemmen und Kameen des Dreikönigsschreines. Der Dreikönigsschrein im Kölner Dom Bd. I,1 (1998) 409 Abb. 92.
Lit.: E. Brandt u. E. Schmidt, Antike Gemmen in Deutschen Sammlungen I, München 2 (1970) Nr. 1183. – The Summa Galeries Inc., Auktion 1, 18.9.1981, Nr. 104.

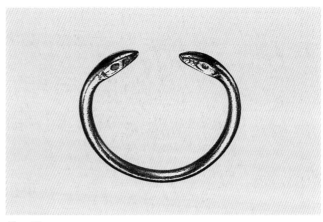

Kat. 43

## 42 Fingerring

Gold. Dm. 2,0 cm, H. 2,5 cm
Römisch, 1. Jahrhundert n. Chr.

Auf der vierkantigen dünnen Ringschiene sitzt oben eine kleine runde Platte, auf der in Relief ein frontal gesehener Totenkopf wiedergegeben ist. Die leicht abgegriffene Darstellung zeigt einen geschlossenen Schädel mit zwei Augenlöchern und zwei Reihen Zähnen.

Das Motiv entspricht dem in römischer Zeit allenthalben verbreiteten „memento mori" oder „carpe diem", das auf verschiedenen Gegenständen des irdischen Vergnügens angebracht wurde, z. B. auf Trinkbechern, wo Skelette den Trinkenden an die Vergänglichkeit des Lebens erinnern sollen. Dies ist auch beim Schmuck so gedacht, der ja in römischer Zeit weitgehend reine Zierde und somit ein Attribut des Diesseitigen war.

Publ.: Schmuck Nr. 36.
Lit.: K. M. D. Dunbabin, Sic erimus cuncti. The Skeleton in Graeco Roman Art: Jahrbuch des Deutschen Archäologischen Instituts 101, 1986.

## 43 Armreif

Silber. Dm. 4,3 x 3,8 cm
Römisch, 1./2. Jahrhundert n. Chr.

Der im Durchmesser recht kleine Armreif, der vielleicht deshalb einem Kind gehörte, ist offen und endet jeweils in einem einfachen Schlangenkopf.
Schmuckstücke mit dem Motiv der Schlange waren in der griechisch-römischen Antike außerordentlich beliebt. Die Schlange galt als unheilabwehrender guter Dämon, so daß die schlangengestaltigen Schmuckstücke den Schutz des Trägers gewährleisten sollten.

Publ.: Schmuck Nr. 37.
Lit.: G. Zahlhaas, Antiker Schmuck. Kleine Ausstellungskat. d. Prähist. Staatsslg. 4 (1985) Nr. 31.

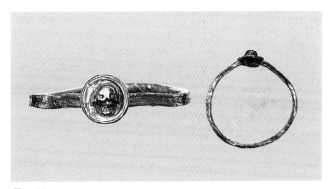

Kat. 42

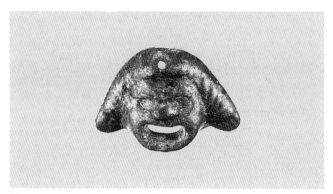

*Kat. 44*

## 44 Applik

Bronze. H. 2,2 cm, B. 3,0 cm
Römisch, 1./2. Jahrhundert n. Chr.

Die kleine Applik hat die Form einer Theatermaske mit offenem querovalem Mund, runden Augen und stumpfer Nase, also eine Maske der Komödie. Seitlich begrenzen gedrehte Lockenstränge das Gesicht. Ein kleines Loch über der Stirn diente zur Befestigung.

Publ.: Schmuck Nr. 58.
Lit.: Guß + Form. Bronzen aus der Antikensammlung. Ausstellung Kunsthistorisches Museum Wien (1986) Nr. 172 ff.

## 45 Halskette                         Frontispiz

Gold und Sardonyx. L. d. Kette 60 cm, Zierplatte H. 3,2 cm, Br. 4,1 cm
Römisch, 2. Jahrhundert n. Chr.

Die schöne lange, sehr gleichmäßig gearbeitete Fuchsschwanzkette besitzt einen besonders gestalteten Verschluß bzw. eine integrierte Schmuckscheibe. Deren Grundfläche bildet eine achteckige Platte mit eingezogenen Seiten aus Goldblech, auf die in einer Fassung eine ovale braun-beige-weiß geschichtete Sardonyxgemme gesetzt ist. Die eingetiefte Darstellung zeigt Amphitrite oder eine Nereide mit im Wind geblähtem Mantel auf einem Ketos (Meerungeheuer) durch die Wogen des Meeres schwimmend. Das Ungetüm setzt sich aus zwei

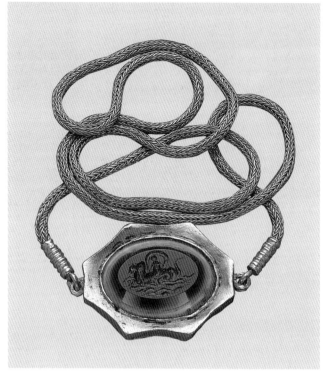

*Kat. 45*

Pferdevorderleibern zusammen, die hinten in einem gemeinsamen geringelten Seeschlangenschwanz enden. Um die Hauptgruppe herum bevölkern Delphine die Fluten.
Der Schnitt des prächtigen Steines ist nicht besonders detailliert. Trotz einer gewissen Flächigkeit ist doch eine geringe räumliche Wirkung durch den herausblickenden vorderen Pferdekopf erreicht. Die Vielfarbigkeit der Steinschichtungen wurde nicht genutzt.
Das hier dargestellte Sujet wird in verschiedenen Zusammenhängen gewählt. Entweder zeigt es Amphitrite selbst und weist damit auf die Macht des Eros beim Mythos von Amphitrite und Poseidon hin. Oder es stellt eine Nereide dar, die bei der Geburt der Aphrodite aus dem Schaum des Meeres zu den Begleiterinnen der Göttin gehört. Außerdem kann die Darstellung des Meerthiasos, des wilden Zuges von Meerwesen durch die Fluten, auch auf den Bereich des Todes hinweisen.
Im Original sind solche aufwendigen Schmuckstücke selten, in Darstellungen werden sie hin und wieder als Besonderheit wiedergegeben. Ein Beispiel ist das sog. Ju-

welenmädchen auf einem Mumienbildnis. Auch die palmyrener Grabreliefs bieten Beispiele.

> Publ.: Schmuck Nr. 38. – Pferdemann und Löwenfrau. Mischwesen der Antike. Ausstellungskat. d. Archäol. Staatsslg. 31 (2000) Kat. 108. – L. Wamser u. R. Gebhard (Hrsg.), Gold. Magie, Mythos, Macht. Gold der Alten und Neuen Welt. Schriftenreihe d. Archäol. Staatsslg. 2 (2001) Kat. 112.
> Lit.: Motiv: M. Schlüter, G. Platz-Horster u. P. Zazoff, Antike Gemmen in deutschen Sammlungen IV. Kestner-Museum Hannover, Museum für Kunst und Gewerbe Hamburg (1975) Nr. 949.
> Darstellungen: H. Zaloscer, Porträts aus dem Wüstensand (1961) Taf. 1. – B. Deppert-Lippitz, Die Bedeutung der palmyrenischen Grabreliefs für die Kenntnis des römischen Schmucks, in: Palmyra. Geschichte, Kunst und Kultur der syrischen Oasenstadt. Katalog Linz (1987) 179 ff., Abb. 1–3.
> Fuchsschwanzkette: vgl. Nr. 25.

*Kat. 46*

### 46 Ein Paar Ohrringe    Farbtafel 3

> Gold. Dm. 2,2–2,8 cm
> Römisch, 2. Jahrhundert n. Chr.

Die kreisrunden Bügel ohne Verschlüsse sind aus Golddraht gefertigt. Man konnte sie an den eigentlichen Ohrring, der im Ohrläppchen steckte, anhängen. Auf den Draht sind jeweils drei hohle, in zwei Teilen getriebene Goldblechkugeln und dazwischen je zwei kleine durchbrochen gearbeitete Perlen aus Gold aufgefädelt.
Dieser Ohrringtypus (die Creolen) wurde in römischer Zeit entwickelt und kam in byzantinischer und islamischer Zeit groß in Mode. Die Variationsmöglichkeiten liegen bei der Gestaltung und Ornamentierung der Kugeln. Nr. 98 und Nr. 99 aus islamischer Zeit gehörten möglicherweise ebenfalls zu diesem Ohrringtypus, den auch Nr. 97 vertritt.

> Publ.: Schmuck Nr. 39.
> Lit.: F. H. Marshall, Catalogue of the Jewellery, Greek, Etruscan and Roman, in the Departments of Antiquities. British Museum (Reprint 1969) Nr.2565. – G. Zahlhaas, De oudheid versierd. Katalog Heerlen (1991) Nr. 37. – Auktion Boisgirard, 29. 2. u. 1. 3, 1988, La Collection Charles Kettaneh Nr. 350.

### 47 Fingerring mit Gemme    Farbtafel 3

> Gold mit Karneol. Innerer Dm. 1,6 x 1,9 cm;
> Gemme 0,8 x 0,65 cm
> Römisch, 2. Jahrhundert n. Chr.

Der massiv gegossene Goldring verbreitert sich gleichmäßig zur Platte hin, dort schwingt der Kontur leicht aus und umgibt die hochovale Karneolgemme mit einem schmalen abgeflachten Rand. Die Gemme steht in fast ihrer gesamten Höhe über den Umriß des Ringes hinaus. Die Form des Ringes gehört dem 2. Jahrhundert n. Chr. an, allerdings ist die hohe Gemme in dieser Zeit eher unüblich. Die Darstellung auf der Gemme zeigt auf einer Grundlinie

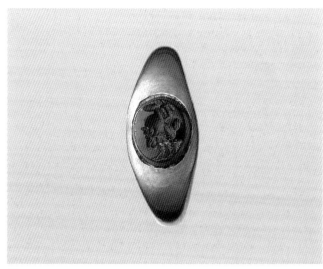

*Kat. 47*

einen Hippalektryon, ein phantastisches Gebilde aus Hahnenbeinen und -schwanz, einer Pferdeprotome als Kopf und einer bärtigen Silensmaske als Brust. Oben seitlich ist ein kleines Füllhorn beigegeben. Der oft als Widderkopf gegebene Körper läßt sich nicht erkennen, ein darunter befindliches Gebilde könnte das Ährenbündel meinen, das ihm zugeordnet ist. Der Feinperlstil weist in das 2. Jahrhundert n. Chr.

Lit.: Form: Fr. Henkel, Die römischen Fingerringe der Rheinlande und der benachbarten Gebiete (1913) Nr. 170–172.
Motiv: Lexicon Iconographicum Mythologiae Classicae (1990) s. v. Hippalektryon. – E. Zwierlein-Diehl, Die antiken Gemmen des Kunsthistorischen Museums in Wien Bd. III (1991) Nr. 2120–2127 mit verschiedenen Varianten. – C. Weiß, Antike Gemmen in Deutschen Sammlungen. Die antiken Gemmen der Sammlung Friedrich Julius Rudolf Bergau im Germanischen Nationalmuseum, Nürnberg (1996) Nr. 384–386.

## 48 Kräftig profilierte Fibel

Bronze. L. 2,5 cm
Römisch, 2. Jahrhundert n. Chr.

Die zierliche Fibel besitzt einen flach S-förmig geschwungenen Bügel, der sich zur Spirale trompetenförmig erweitert, in der Mitte einen kleinen scheibenförmigen Aufsatz hat und am Ende in einer Art Balusterprofil endet. Der Fuß ist geschlossen. Die Spirale ist über einen durch eine Öse gesteckten Stift gewickelt, mehrfach gewunden und die Sehne über die Spirale gezogen.

*Kat. 48*

*Kat. 49*

Die Fibel gehört zum Typus der „kräftig profilierten Fibeln" und zwar zu einer jüngeren Variante, die schon in das 2. Jahrhundert n. Chr. gehört, während die Entwicklung des Fibeltypus in tiberischer Zeit beginnt. Die Verbreitung läßt sich in den westlichen bis in die Donauprovinzen nachweisen.

Lit.: Typus: A. Böhme, Die Fibeln der Kastelle Saalburg und Zugmantel: Saalburg-Jahrbuch 29, 1972, 13, Typus 12, Nr. 42.
Datierung: W. Krämer, Cambodunumforschungen 1953-I. Materialhefte zur Bayerischen Vorgeschichte 9 (1957) 76.
Verbreitung: G. Ulbert, Die römischen Donaukastelle Aislingen und Burghöfe. Limesforschungen 1 (1959) 66.

## 49 Fibel

Bronze, verzinnt, und Email. L. 5,7 cm
Römisch, 2. Hälfte 2. Jahrhundert n. Chr.

Das Zentrum bildet ein halbkugeliger Knopf. Seitlich sind zwei Dreiecke mit Kreisen an den Spitzen angefügt. Ihre Binnenflächen zieren Reihen von kleinen Dreiecken, die mit grünlichem und orangem Email sich farbig abheben. Oben und unten sitzt am zentralen Buckel je eine profilierte Öse. Scharnier und Fuß sind hinten an den Dreiecken befestigt, die Nadel fehlt.
Das Stück gehört zum Typus der gleichseitigen Fibeln, die in die 2. Hälfte des 2. Jahrhunderts zu datieren sind. Es wird wohl aus dem Rheinland stammen, da im gallisch-

germanischen Bereich Werkstätten für diese kunstgewerblichen Erzeugnisse vermutet werden.

Publ.: Schmuck Nr. 59.
Lit.: K. Exner, Die provinzialrömischen Emailfibeln der Rheinlande: 29. Bericht d. Römisch-Germanischen Kommission 1939, 31ff., Gruppe 11, 56 ff. Taf. 10 und 11.

## 50 Fingerring                                  Farbtafel 1

Gold und Plasma. Dm. 1,9–2,1 cm, H. 3 cm. Gemme H. 1,2 cm, Br. 1,7 cm
Römische Gemme in byzantinischer Fassung, 2. und 6. Jahrhundert n. Chr.

Ein Streifen mit beidseitigem randlichem Perlband bildet die Ringschiene. Oben sitzt der hohe Ringkopf. Die schalenförmige Fassung weist reliefartige Stege auf, die in kleinen Goldkügelchen enden. Oben ist flach die Gemme eingesetzt. Das querovale Bildfeld zeigt eine charakteristische Darstellung: Rechts steht Minerva, links Fortuna. Im Zentrum weidet ein Pferd, die Göttinnen weisen mit Fackeln auf seinen Rücken. Darüber erscheint der Berg Argaios bei Caesarea in Cappadokien. Als bemerkenswert wurde angemerkt, daß sein Gipfel immer mit Schnee bedeckt war, während an seinem Fuß vulkanische Aktivitäten Flammen lodern ließen. Die berühmte Pferdezucht der Region drückt sich durch die Darstellung des Pferdes aus. Die Gemme stammt aus römischer Zeit, aus dem 2. Jahrhundert n. Chr.

Die Ringform weist in spätere Zeit. Eine Parallele für die schalenartige Fassung findet sich im Schatzfund von Reggio Emilia aus dem 5. Jahrhundert n. Chr. Eine unmittelbare Parallele zur Ringfassung und zur geperlten Schiene fand sich in einem byzantinischen Schatzfund des 6. Jahrhunderts n. Chr. in Histria in Rumänien. Es wurde also eine ältere Gemme neu gefaßt. Für diese Gepflogenheit gibt es zahlreiche Beispiele. Ältere Gemme und jüngere Fassung stammen aus dem östlichen Mittelmeerraum.

Publ.: Schmuck Nr. 40.
Lit.: Motiv: E. Zwierlein-Diehl, Die antiken Gemmen des Kunsthistorischen Museums Wien II (1979) Nr. 1213.
Form: M. Degani, Il Tesoro Romano Barbarico di Reggio Emilia (1959) 61 Taf. 22 b 4. – Cultura Bizantina in Romania. Ausstellungskatalog Bukarest (1971) Nr. 118.

## 51 Fingerring

Gold und Plasma. Dm. 1,8–2,0 cm
Römisch, 2./3. Jahrhundert n. Chr.

In den einheitlich gerundeten hohlen Goldblechring ist eine hochovale Gemme gefaßt. Das Gemmenbild zeigt eine kniende nackte Gestalt nach rechts, vor sich eine Ähre.
Jünglinge mit Ähren in Händen werden üblicherweise als *Bonus eventus* gedeutet, eine Gottheit, die ursprünglich für eine gute Aussaat (daher die Ähre), später für den guten Erfolg allgemein zuständig war. Dieser wird allerdings immer stehend dargestellt.
Es kann sich also hier entweder um die unübliche Darstellung eines knienden *Bonus eventus* handeln oder aber um Triptolemos, der ebenfalls ikonographisch und mythologisch mit Ähren verbunden ist und zum Mythos um Demeter und Kore gehört.

Publ.: Schmuck Nr. 41.

*Kat. 50*

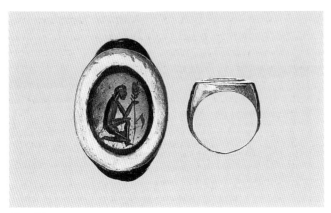

*Kat. 51*

ringen des 7. Jahrhunderts v. Chr. gesehen. Verbreitet war er in römischer Zeit vor allem im östlichen Mittelmeerraum einschließlich Ägypten, wo er auf Mumienporträts zur Darstellung kommt. Auch die Grabreliefs und Grabbüsten aus Palmyra geben diese Ohrringform wieder.

Publ.: Schmuck Nr. 42.
Lit.: K. R. Maxwell-Hyslop, Western Asiatic Jewellery c. 3000–612 B. C. (1971) Farbtaf. H (Beispiele aus Luristan). – B. Musche, Vorderasiatischer Schmuck der Arsakiden und der Sasaniden (1988) 86 f. Typ 10.

## 52 Anhänger

Gold und Almandin. H. 3,2 cm
Römisch, 2./3. Jahrhundert n. Chr.

Auf einen Steg aus kräftigem Golddraht sind drei kugelige Almandin-Perlen aufgezogen, am Ende befindet sich eine kräftige Öse.
Vermutlich diente dieser Anhänger als Schmuck für einen Ohrring. Der Ringbügel selbst ist in diesem Fall völlig schmucklos und besitzt lediglich eine Öse an der Unterseite, um einen Anhänger der vorliegenden Form einzuhängen. Der Typus wird als beeinflußt von Luristan-Ohr-

## 53 Trompetenfibel

Bronze, verzinnt. Br. 4 cm
Römisch, 2./3. Jahrhundert n. Chr.

Die gegossene Fibel besteht aus plastischen trompetenförmigen Elementen, die bogenförmig einander zugeordnet sind bzw. auseinander herauswachsen. Auf der Rückseite befindet sich ein hoher Steg mit Scharnier, in dem sich die Nadel bewegt, und der hohe Nadelhalter. Die Verzinnung der Vorderseite ist noch gut erhalten.
Die Fibel gehört in das späte 2./frühe 3. Jahrhundert n. Chr. Der Typus ist vor allem im Rhein-Donau-Gebiet verbreitet. Es wird hier eine keltische Kunsttradition in einer Renaissance von Spätlatèneformen wieder aufgegrif-

*Kat. 52*

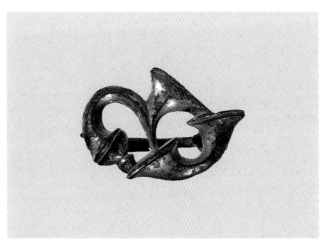

*Kat. 53*

fen, die zuvor vom römischen Stil überlagert war. Die Tendenz, daß Elemente der einheimischen „Volkskunst" deutlich hervortreten ist nicht nur beim Kunstgewerbe, sondern auch in allen anderen Kunstarten, im gesamten römischen Reich zu beobachten.

Lit.: Typus: A. Böhme, Die Fibeln der Kastelle Saalburg und Zugmantel: Saalburg-Jahrbuch 29, 1972, 43 f., Typus 46, Nr. 1148.
Stil: L. Berger, Die Thekenbeschläge des Gemellianus von Baden-Aquae Helveticae: Jahrbuch der Schweizerischen Gesellschaft für Urgeschichte 46, 1957, 24 ff.

## 54 Wirbelfibel

Bronze, verzinnt. Dm. 3,5 cm
Römisch, 1. Hälfte 3. Jahrhundert n. Chr.

Die flache Fibel besteht aus vier swastikaförmig zueinander geordneten Armen, die in Pferdeköpfen enden. Die Augen der Tiere wie auch das Zentrum der Fibel sind mit je einer Kreisaugenpunze markiert. Die Ränder der Tierhälse sind auf der Vorderseite mit einer einfachen Linie begrenzt, am rückwärtigen Kontur sollen eine Reihe von eingestichelten kurzen Kerben die Mähne anzeigen.

Diesen Fibeltypus gibt es in den unteren Donauprovinzen, also Pannonien, Moesien und Dakien. Es handelt sich um eine Variante der Swastikafibeln. Die Datierung ist durch einige Fundplätze gut zu bestimmen.

Lit.: N. Gudea u. V. Lucacel, Fibule romane in Muzeul de Istorie si Arta din Zalau: Acta Musei Porolissensis III, 1979, Taf. XXV 321. – N. Gudea, Über römische Hakenkreuzfibeln mit Pferdekopfenden: Archäologisches Korrespondenzblatt 32, 2002, 101 ff.

## 55 Trompetenfibel

Bronze. L. 3,4 cm
Römisch, 3. Jahrhundert n. Chr.

Der gewölbte Bügel schwillt vom Fuß zum Kopf hin mit geschwungenem Kontur an und endet in einer halbrunden Platte. Daran sitzt die Spirale mit der Nadel, die in den hohen Nadelhalter am Fuß einrastet. Die Platte ist mit zwei Reihen Zickzackband verziert.

Publ.: Schmuck Nr. 60.
Lit.: W. Jobst, Die römischen Fibeln aus Lauriacum. Forschungen in Lauriacum 10 (1975) 59ff. „Kniefibeln 13 Variante D".

Kat. 54

Kat. 55

*Kat. 56*

*Kat. 57*

## 56 Zwiebelknopffibel

Bronze, vergoldet. Nadel fehlt. L. 6,5 cm, Br. 4,3 cm
Römisch, 3./4. Jahrhundert n. Chr.

Die Zwiebelknopffibel setzt sich aus einem halbkreisförmigen gebogenen Bügel von annähernd dreieckigem Querschnitt, einer langen bandförmigen Fußplatte und einem rechtwinklig angesetzten Quersteg zusammen. Die den Typus bezeichnenden „Zwiebelknöpfe" sitzen an den Enden des Quersteges und an seinem Ansatzpunkt am Bügel. Das Exemplar weist als Dekor gekerbte Bänder auf. Die Zwiebelknopffibeln werden ab dem 3. Jahrhundert n. Chr. als Bestandteil der Militärtracht häufig. Sie gehören auch zur spätantiken Amtstracht und Uniform von Beamten.

Publ.: Schmuck Nr. 61.
Lit.: Typus: E. Keller, Die spätrömischen Grabfunde in Südbayern (1971) 41 ff.

## 57 Fingerring

Gold. Dm. 2,0 cm
Römisch, 3. Jahrhundert n. Chr.

Der massiv gegossene Goldring besitzt eine im Querschnitt D-förmige Schiene mit profilierter Schulter und eine lanzettförmige Platte. Diese ist ohne Verzierung belassen.
In der Form ist der Ring verwandt den Steinringen, die ebenfalls leicht profilierte Schultern besitzen und eine ovale Bildfläche, die durch Abschneiden eines Kreissegmentes entstanden ist.

Publ.: Schmuck Nr. 43.
Lit.: F. H. Marshall, Catalogue of the Finger Rings, Greek, Etruscan and Roman in the Departments of Antiquities. British Museum (Reprint 1968) Nr. 1600–1601.

## 58 Fingerring

Bronze, vergoldet. Dm. 1,8 x 2,3 cm
Römisch, 3. Jahrhundert n. Chr.

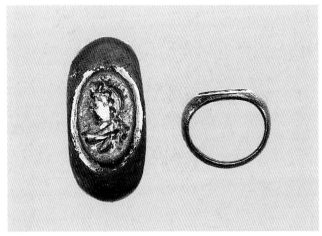

*Kat. 58*

Die flache Schiene verbreitert sich zur Platte hin stark, wobei die Schulter leicht betont wird. Die Oberseite ist abgeflacht, anstatt einer Gemme ist ein hochovales Bildfeld durch einen goldenen Streifen begrenzt. Im Bildfeld wurde die Darstellung vertieft in die Bronze eingetragen. Sie zeigt eine Büste nach links mit schmalem Kopf, bekrönt von einem Strahlenkranz, unten begrenzt von einem drapierten Mantelstück. Es kann sich um den Sonnengott Sol oder um einen Kaiser handeln. Der Ring war ursprünglich vergoldet.

Publ.: Schmuck Nr. 44.
Lit.: Auktion 19, 18.–19.11.1987, Frank Sternberg Zürich Nr. 385.

## 59 Fingerring

Grüner Aventurin. Dm. 1,7 cm, H. 2,6 cm
Römisch, 3. Jahrhundert n. Chr.

Der gesamte Ring ist aus Halbedelstein gearbeitet. Die Schiene hat D-förmigen Querschnitt und einen inneren kreisrunden Kontur und wird außen nach oben hin höher, wo ein Bildsegment flach abgeschnitten ist. In die Fläche ist ein einfacher gekerbter Zweig eingetieft. Sämtliche übrigen Flächen des Ringes sind mit kurzen Kerben versehen.
Die Darstellung von Ähren oder Zweigen hat eine lange Tradition bei griechischen und römischen Fingerringen.

Ob hier speziell dieses Motiv gemeint ist, bleibt unsicher. Die flächendeckende Kerbung läßt eher an eine Art „horror vacui" denken. Der Ringtypus kommt aus dem Orient.

Publ.: Schmuck Nr. 45.
Lit.: F. H. Marshall, Catalogue of the Finger Rings, Greek, Etruscan und Roman in the Departments of Antiquities. British Museum (Reprint 1968) Nr. 1600–1601.

## 60 Amulettanhänger

Gold. L. 5,0 cm
Spätrömisch, 3. Jahrhundert n. Chr.

Der hohle Anhänger von sechskantigem Querschnitt ist verbogen und war ursprünglich eine gerade Röhre, auf beiden Seiten geschlossen. Oben konnte man durch die zwei profilierten Ösen eine Kette zum Umhängen fädeln. Bei diesen Anhängern handelt es sich um Amulettkapseln, die hohl gearbeitet sind, um in ihnen irgendetwas Heilkräftiges aufzubewahren, seien es Textilien, Körner oder Früchte bzw. Streifen mit Schriftzügen oder Sprüchen. Auch wenn der Anhänger nicht zum Öffnen gearbeitet war wie in diesem Fall, hatte er dennoch dieselbe Symbolik. Ein leises Klappern verrät, daß auch hier etwas eingeschlossen war.
Amulettanhänger haben eine jahrtausendelange Tradition. Rein formal sind die sechskantigen Exemplare ab dem 3. Jahrhundert n. Chr. nachzuweisen. Die Sitte, solche Behälter umzuhängen, ging zum einen in die Reliquienbehältnisse über, zum anderen nahm sie einen ungeheuren Aufschwung in islamischer Zeit, wo man darin Koransprüche bei sich trug.

Publ.: Schmuck Nr. 46.
Lit.: P. Schienerl, Der Ursprung und die Entwicklung von Amulettbehältnissen in der antiken Welt: Antike Welt 15, 1984, Heft 4, 45ff.
Form: F. H. Marshall, Catalogue of the Jewellery, Greek, Etruscan and Roman in the Departments of Antiquities. British Museum (Reprint 1969) Nr. 3155.

Kat. 59

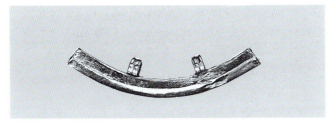

*Kat. 60*

**61 Ohrring**   Farbtafel 2

Gold und Granat. H. 4, 0 cm
Römisch, 3. Jahrhundert n. Chr.

Eine runde, durchbrochene Zierscheibe mit einer Granatperle im Zentrum verdeckt den gebogenen Bügel. Der àjour gearbeitete (ausgestanzte) Dekor besteht aus zwei konzentrischen Kreisen kleiner Bögen. An der Zierscheibe sitzt unten ein ebenfalls durchbrochener Steg in Form von zwei stilisierten antithetischen Delphinen. Daran wiederum hängen drei mehrgliedrige Anhänger mit gefaßten roten und grünen Steinen sowie drei aufgezogenen echten Perlen. Ein fast identisches Stück – nur mit etwas anderen Anhängern – stammt aus dem Hauran in Syrien und befindet sich im Museum für Kunst und Gewerbe in Hamburg. Der Typus ist vor allem in Syrien und den benachbarten Gebieten verbreitet. Darstellungen finden sich auf palmyrenischen Grabbüsten.

Publ.: Schmuck Nr. 47. – Ae. Yeroulanou, Diatreta. Gold pierced-work Jewellery from the 3$^{rd}$ to the 7$^{th}$ century (1999) Kat. 439 A.
Lit.: H. Hofmann u. V. v. Claer, Antiker Gold- und Silberschmuck (1968) Nr. 91. – R Higgins, Greek and Roman Jewellery $^2$(1980) 178 f. Taf. 54 B. – Yeroulanou a.a.O. Kat. 438–439.

*Kat. 61*

**62 Ohrring**   Farbtafel 2

Gold und Smaragd. H. 4,8 cm, Br. 3,2 cm
Römisch, 3. Jahrhundert n. Chr.

Der Ohrring ist eines der reichsten Beispiele dieses Typus, den auch die vorige Nr. 61 vertritt. Eine große flache Rosette mit ausgestanzten Ornamenten bildet das Zentrum

*Kat. 62*

und verdeckt den Bügel hinten. Voluten- und palmettenartige Motive sind radial um einen zentralen Ring angeordnet. Eine zylindrische Smaragdperle ist mittels eines Golddrahtes in der Mitte befestigt. Diese Technik ist bei dieser Art von Ohrringen weit verbreitet.

Unten an der Rosette ist eine durchbrochene Leiste angesetzt, reich dekoriert mit Ranken und Efeublättern und seitlich begrenzt von Golddrahtspiralen. Daran hängen an drei Drähten, die von gegenständigen S-Spiralen begleitet sind, drei zylindrische, leicht fazettierte Smaragde.

Dieser Ohrringtypus ist vor allem in Syrien beliebt und im 3. Jahrhundert n. Chr. gebräuchlich. Dabei bediente man sich besonders der Technik der Durchbruchsarbeit (*opus interrasile*), die seit dem späten 2. Jahrhundert n. Chr. zunehmend häufiger wird und nicht nur beim Schmuck Anwendung findet.

Publ.: Schmuck Nr. 48. – Ae. Yeroulanou, Diatreta. Gold pierced-work Jewellery from the 3rd to the 7th century (1999) Kat. 414 A.
Lit.: vgl. Nr. 61. – J. El-Chehadeh, Untersuchungen zum antiken Schmuck in Syrien (1972) Nr. 19. – Yeroulanou a.a.O. Kat. 488.

## 63 Fingerring

Silber, vergoldet. Dm. 1,5 cm
Römisch, 3./4. Jahrhundert n. Chr.

Die bandförmige Schiene verbreitert sich zur Platte hin leicht, diese ist querrechteckig und in die Schiene integriert, zusätzlich durch einen vergoldeten Rahmen hervorgehoben. In der Fläche findet sich die geritzte Inschrift IADG, in Silber vom goldenen Grund abgesetzt.
Die Seiten der Schiene sind mit einer Art Schuppenmuster mit Blütenkelchen verziert.

Publ.: Schmuck Nr. 49.
Lit.: M. Vollenweider, Deliciae Leonis (1984) Nr. 506.

## 64 Fingerring mit *dextrarum iunctio*   Farbtafel 1

Gold. Innerer Dm. 1,8 cm; Platte 1,5 x 1,8 cm
Römisch, 3./4. Jahrhundert n. Chr.

Der Reif des Fingerringes mit den annähernd dreieckigen Schulterstücken und der ovalen Platte samt der darauf in Relief wiedergegebenen *dextrarum iunctio* ist massiv gegossen. Auf die Schulterstücke ist in dickem Golddraht ein Doppelvolutenornament und ein zentraler Steg aufgelötet. Der Platte ist ein erhöhter Rahmen mit reliefierten Halbbögen und kleinen Nasen dazwischen aufgesetzt. Die Arbeit zeigt keine besondere Sorgfalt.

Der Typus der Fingerringe mit erhöhtem Rand gehört in das 3./4. Jahrhundert n. Chr. (verbreitet z.B. auch an Münzringen). Die Verzierung dieses Randes erinnert an die Fassungen bei Anhängern und Ohrringen. Die Form der Schultergestaltung entspricht ebenfalls der Mode dieser Zeit, sonst werden aber die Voluten überwiegend in Relief oder à-jour gearbeitet. Beim vorliegenden Stück weisen geringe Reste vielleicht auf Emaileinlagen zwischen den Drähten hin, was eine Erklärung für die gewählte Technik und ebenfalls zeitgerecht wäre. Das Motiv

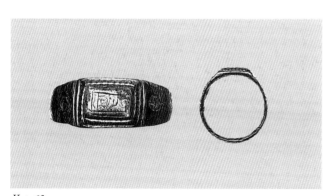

*Kat. 63*

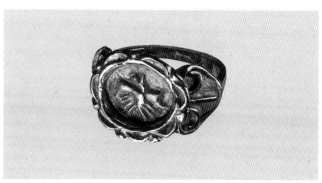

*Kat. 64*

der *dextrarum iunctio* hat in römischer Zeit ab der späten Republik eine lange Tradition und symbolisiert Eintracht und Treue sowohl im politischen wie im privaten Leben.

Publ.: L. Wamser u. R. Gebhard (Hrsg.), Gold. Magie, Macht, Mythos. Gold der Alten und Neuen Welt. Schriftenreihe d. Archäol. Staatsslg. 2 (2001) Kat. 109.
Lit.: Form: aus der spätrömischen Befestigung von Richborough, Kent: Jewellery through 7000 Years (British Museum 1976) Nr. 434 (ebenfalls mit dextrarum iunctio). – Varianten, darunter auch ein Ring mit dextrarum iunctio, aus dem Thetford-Schatz: L. Pirzio Biroli Stefanelli, L´Oro dei Romani. Gioelli di Età Imperiale (1992) Abb. 286.
Motiv (auf Münzen, Gemmen, Ringen): C. Weiß, Antike Gemmen in Deutschen Sammlungen. Die antiken Gemmen der Sammlung Friedrich Julius Rudolf Bergau im Germanischen Nationalmuseum, Nürnberg (1996) Nr. 453.

## 65 Fingerring

Gold, Smaragd. Dm. 2 cm
Römisch, 3./4. Jahrhundert n. Chr.

Die dünne bandförmige Schiene endet mit zwei seitlichen Granalien an der viereckigen Kastenfassung. Diese ist in halber Höhe von einem Kerbdraht umgeben. In die Fassung ist ein unregelmäßig prismatischer Smaragd eingesetzt.

Die Form und der Schliff des Smaragdes weisen auf die römische Zeit. Eine sehr häufige Verwendung von derartigen Smaragden finden sich vor allem an Halsketten und Ohrringen, wobei diese Beispiele zum Auffädeln durchbohrt sind.

Lit.: B. Deppert-Lippitz, Goldschmuck der Römerzeit im Römisch-Germanischen Zentralmuseum (1984) Nr. 147.

## 66 Fingerring

Bronze (goldfarben). Dm. 2,0 cm
Spätrömisch bis byzantinisch, 4./6. Jahrhundert n. Chr.

Die kreisförmige runde Schiene verbreitet sich leicht nach oben hin, wo die runde Platte aufgesetzt ist. Darauf ist in Ritzung und Punktierung ein Schiff dargestellt. Es besitzt einen hohen, nach vorne ausschwingenden Bug und ein ebenso hohes eingebogenes Heck; darüber der Mast mit eingezogenem Segel und Takelage. Entlang des Schiffskörpers sind fünf dicke Punkte gesetzt, die vielleicht Schilde darstellen sollen. Darunter verlaufen schräge Striche für die Ruder.
Die Ringform entspricht der frühen byzantinischen Zeit. Zur Schiffsdarstellung gibt es keine direkten Parallelen. Schiffe finden sich auf spätrömischen-frühchristlichen Gemmen, wo ihnen manchmal ein Kreuz zugefügt ist.

Kat. 65

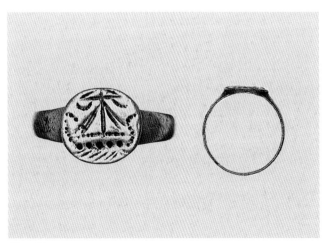

Kat. 66

Das Schiff wird übrigens von Clemens von Alexandria als eines der für Christen tragbaren Siegelbilder genannt. In der Literatur gilt das Motiv als Symbol der Kirche.

Publ.: Schmuck Nr. 50.
Lit.: Form: A. B. Chadour u. R. Joppien, Schmuck II, Fingerringe. Kunstgewerbemuseum der Stadt Köln (1985) Nr. 108 f.

## 67 Armreif

Gold. Dm. 5,2 x 5,0 cm
Römisch, 4. Jahrhundert n. Chr.

Der Reif besteht aus einem sehr massiven Golddraht variierender Stärke. Er ist überlappend zusammengebogen, die Enden sind dünn ausgeschmiedet und jeweils um die gegenüberliegende Partie des Reifes gewickelt. Dieser Typus ist in römischer Zeit verbreitet und kommt oft paarweise vor. Beispiele aus dem Rheinland legen eine Datierung in das 4. Jahrhundert n. Chr. nahe.

Publ.: Schmuck Nr. 51.
Lit.: R. Pirling, Das römisch-fränkische Gräberfeld von Krefeld-Gellep 1960–1963 (1974) Taf. 31,4. – A. Greifenhagen, Schmuckarbeiten in Edelmetall. Staatl. Museen Berlin, Antikenabteilung Band II, Einzelfunde (1975) Taf. 36, 3. – Trier. Kaiserresidenz und Bischofsstadt. Ausstellung Mainz (1984) Nr. 32.

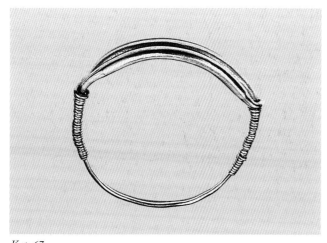

Kat. 67

Kat. 68

## 68 Doppelring

Gold-Granat. Dm. 1,8 cm
Spätrömisch, 4. Jahrhundert n. Chr.

Der Doppelring setzt sich aus zwei nebeneinandergelöteten Reifen aus dickem Golddraht zusammen und wurde über zwei Finger getragen. Jeweils oben am Reif und in den Zwickeln sind drei Kastenfassungen mit mugeligen Halbedelsteinen (Chalzedon, Granat, Aventurin) gesetzt. Die Lötstelle der beiden Reifen wird verstärkt durch kleine aufgelötete Goldkügelchen.
Dieser Typus von Fingerringen kommt in verschiedenen Varianten (Doppel- und Dreifachringe) in spätrömischer Zeit vor, wobei eine Lokalisierung innerhalb des römischen Reiches nicht möglich ist. Eine Verwendung als Totenringe wurde deshalb vermutet, weil das Tragen solcher Zwei- und Dreifachringe keine Bewegung der Finger zuläßt.

Publ.: Münchner Jahrbuch der Bildenden Kunst. 3. F. 45, 1994, 224 m. Abb. u. Lit.

*Tafel 5: (oben) Kat. 103, 104 – (Mitte) Kat. 107 – (unten) Kat. 110 – (rechts) Kat. 111* ▷

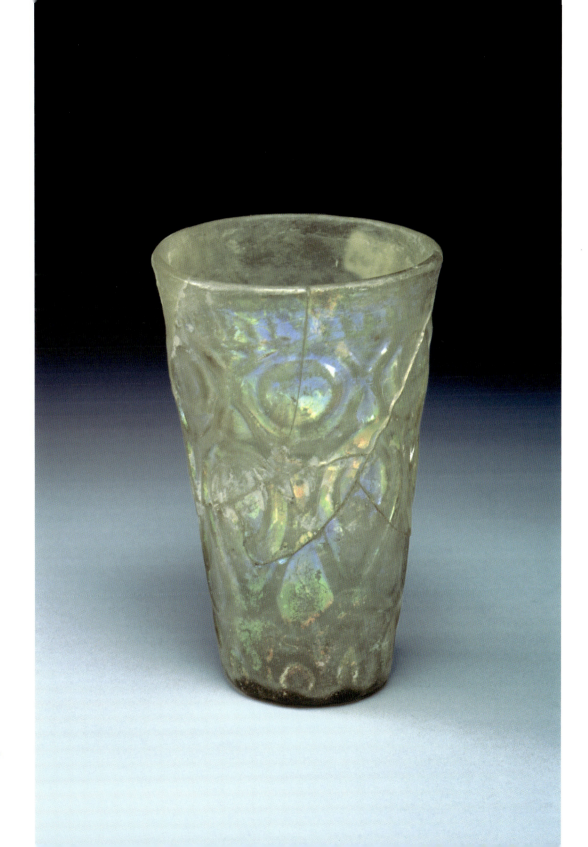

Tafel 6:
(links) – Kat. 158,
Tafel 7:
Kat. 168

# Byzanz

## 69 Ein Paar Ohrgehänge

Gold, Granatperlen. L. 7,5 cm
Spätrömisch-frühbyzantinisch, 4./5. Jahrhundert n. Chr.

Ein Golddraht endet an einem Ende in einer S-förmigen Schlaufe, das andere Ende ist um diese Schlaufe gewickelt. Daran angelötet und mittels zweier Goldkügelchen stabilisiert ist eine Öse, in die vier starr aneinandergelötete Kettenglieder eingehängt sind. Daran hängt ein dicker Drahtstift, auf den eine kugelige Goldblechperle, kugelige Granatperlen und ein zylindrisches Goldblechstück mit Kerbrand aufgezogen sind.
Ungewöhnlich ist, daß alle sonst beweglichen Elemente fest aneinandergelötet sind. Die Schmuckstücke sind nicht durch die Ohrläppchen zu ziehen. Bei einem Vergleichsbeispiel ist an dem oberen Ring eine Kette eingehängt, die über die Ohrmuschel gezogen wurde.

Lit.: The Gift of the Gods. Jewelry from the Ancient World (Fortuna Fine Arts New York 1998) Nr. 170.

Kat. 69

## 70 Fingerring

Bronze. Dm. 2,2 cm, Platte 1,6 x 1,4 cm
Byzantinisch, 5./6. Jahrhundert n. Chr.

Der Ring besteht aus einer kräftigen flachen Schiene, die sich nach oben hin verbreitert, und der rechteckigen Platte, deren Ecken abgerundet sind. In die Platte ist die Darstellung tief eingearbeitet.
Das Thema illustriert eine Begebenheit aus dem Alten Testament (1. Mose 22, 1–14): die Opferung Isaaks. Im Zentrum steht Abraham im kurzen Gewand, die Linke mit dem Messer erhoben; vor ihm rechts unten halb kniend Isaak. Hinter ihm befinden sich oben ein Stern, darunter ein Busch, unten der Widder. Abraham wendet den Kopf zu ihm um; rechts oben die Hand Gottes.
Dieses Sujet wird in der Spätantike und der byzantinischen Zeit als Symbol für die Auferstehung oder den Opfertod Christi verstanden. Glasanhängern und Fingerringen verleiht die Darstellung Amulettcharakter.
In der Ikonographie wird eine Änderung zwischen der byzantinischen Zeit und dem frühen Mittelalter auf der

◁ Tafel 8: Kat. 167

Kat. 70

einen Seite und dem Hochmittelalter auf der anderen Seite vollzogen. Der frühere Typus zeigt Abraham mit kurzem Bart, der spätere Typus als alten Mann mit langem Bart.

> Publ.: Schmuck Nr. 64.
> Lit.: Motiv: C. Bonner, Studies in Magical Amulets (1950) 28 f. – J. Garbsch u. B. Overbeck, Spätantike zwischen Heidentum und Christentum. Ausstellungskat. d. Prähist. Staatsslg. 14 (1989) 225, A 13.
> Form: A. B. Chadour u. R. Joppien, Schmuck II. Fingerringe. Kunstgewerbemuseum der Stadt Köln (1985) Nr. 218 mit derselben, etwas undeutlicheren Darstellung, hier als „Westeuropa, 15. Jh." bezeichnet.

## 71 Fingerring

> Gold. Dm. 2,0 x 1,7 cm
> Byzantinisch, 6./7. Jahrhundert n. Chr.

Der im Querschnitt D-förmigen einheitlich gerundeten Schiene ist eine leicht erhöhte Platte aufgesetzt. Hier ist ein Monogramm eingraviert. Als Lesung ist nach Prof. W. Seibt, Wien, möglich: lateinisch RN oder griechisch PN als Initialen. Darüber befindet sich ein schräggestelltes Kreuz.

> Publ.: Schmuck Nr. 62.
> Lit.: L. Wamser u. G. Zahlhaas (Hrsg.), Rom und Byzanz. Archäologische Kostbarkeiten aus Bayern (1998) Kat. 329.

Kat. 72

## 72 Fingerring

> Gold. Schiene mit einer modernen Manschette verstärkt. Dm. 2,4 cm, Platte Dm. 1,2 cm
> Byzantinisch, 6./7. Jahrhundert n. Chr.

Auf der schlichten kreisförmigen Schiene von rundem Querschnitt sitzt die flache runde Platte, in die ein griechisches Monogramm eingraviert ist: Die Lesung erfolgte durch Prof. W. Seibt, Wien: Κυρίλλου.

> Publ.: Schmuck Nr. 63.
> Lit.: A. B. Chadour u. R. Joppien, Schmuck II. Fingerringe. Kunstgewerbemuseum der Stadt Köln (1985) Nr. 130, 131.

## 73 Fingerring

> Gold und grüne Steine. Dm. 2 cm, H. 3,4 cm
> Byzantinisch, 7. Jahrhundert n. Chr.

Die breite Schiene ist als Reif gebildet, der in getriebenem Relief Weinranken zeigt. Darauf ist eine hohe konische Fassung befestigt. Auf der eigentlichen Platte sitzt ein gefaßter Stein im Zentrum, kreuzförmig dazu angeordnet vier goldene Ösen, zwischen denen jeweils zwei kleine runde grüne Perlen auf einen Golddraht aufgefädelt sind. Die Form kommt in unterschiedlichen Varianten ab dem 6. Jahrhundert n. Chr. in der byzantinischen Schmuckkunst und später in der islamischen vor. Die Verbreitung erstreckte sich vom östlichen Mittelmeer bis Italien. Deshalb werden manche Exemplare auch als „langobardisch" angesprochen.

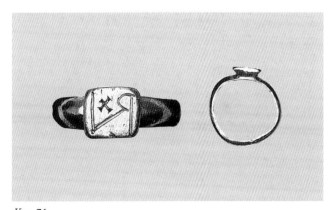

Kat. 71

*Kat. 73*

Auch die Technik, Perlen auf Golddraht aufzufädeln und damit Schmuckobjekte zu verzieren, ist ebenfalls eine byzantinische Spezialität.

> Publ.: Schmuck Nr. 65.
> Lit.: Form: L. Breglia, Catalogo delle Oreficerie del Museo Nazionale di Napoli (1941) Nr. 999 Taf. 42, 4. – Jewellery through 7000 years (1976) Nr. 418. – Ae. Yeroulanou, Diatreta. Gold pierced-work Jewellery from the 3rd to the 7th century (1999) Kat. 323–332.
> Aufgezogene Perlen: Galerie Nefer Zürich Cat. 5 (1987) Nr. 28 (Fingerring 11./12. Jahrhundert n. Chr. byzantinisch oder islamisch).
> Unmittelbare Parallelen: S. Bury, An Introduction to Rings. Victoria and Albert Museum London (1984) Abb. 24 A. – Sotheby's, Auktion London, 8. July 1991, Nr. 67.

## 74 Fingerring

> Gold. Dm. 1,7 cm, H. 2,9 cm
> Byzantinisch, 6./7. Jahrhundert n. Chr.

Die dünne Ringschiene wird von einem schlichten Golddraht gebildet. Oben sitzt eine viereckige Platte mit einem kleinen pavillonartigen Architekturgebilde auf. Die Seiten zeigen volutenartige Bögen, die Ecken sind mit Goldkugeln verstärkt, das Ganze krönt eine runde Kuppel mit einer Art Laterne aus Goldkügelchen.

Dieser Fingerringtyp war in byzantinischer Zeit im östlichen Mittelmeer, aber auch in Italien und in Mitteleuropa in unmittelbarer Nachahmung der byzantinischen Vorbilder beliebt. Ein sehr ähnliches Exemplar aus Silber (etwas gröber gearbeitet) besitzt die Archäologische Staatssammlung München. Es wurde mit anderen Ringen des 6./7. Jahrhunderts n. Chr. zusammen in einer kleinen Bronzedose gefunden und stammt aus dem Libanon. Das kleine Gebäude symbolisiert eine kirchliche Architektur, wahrscheinlich das Grab Christi, als Erlösungs- und Auferstehungszeichen.

Der Ringtypus lebte im Mittelalter als jüdischer Hochzeitsring wieder auf. In diesem Zusammenhang stellte die Architektur den Tempel Salomos dar.

> Publ.: Schmuck Nr. 67.
> Lit.: Z. Vinski, Zlatni Prsten naden u Samoboru i Nahit Arhitektonskog tipa u VI. i VII. stoljecu: Dkalciceo Zbornek Zagreb 1955, 31 ff. – L. Wamser u. G. Zahlhaas (Hrsg.), Rom und Byzanz. Archäologische Kostbarkeiten aus Bayern (1998) Kat. 318.

*Kat. 74*

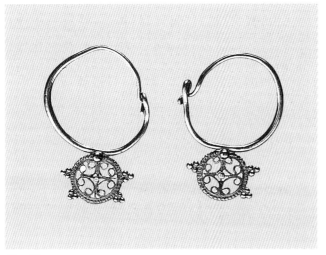

*Kat. 75*

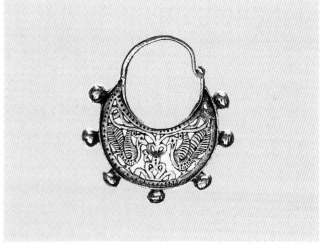

*Kat. 76*

**75 Ein Paar Ohrringe**       Farbtafel 3

    Gold. Bügeldm. 2,5 cm, H. 3,9 cm
    Byzantinisch, 6./7. Jahrhundert n. Chr.

Der Bügel besteht aus einem zum Kreis zusammengebogenen kräftigen Golddraht mit Öse und Haken zum Verschließen. Unten ist jeweils ein Zierstück angelötet. Ein kreisförmiger Rahmen mit Perlmuster bildet die Grundform. Am äußeren Kontur sitzen kleine Fortsätze aus je drei Goldkügelchen (nicht mehr alle erhalten). Im Inneren der Kreise entsteht durch vier kreuzförmig einander zugeordnete Halbkreise aus flachem Draht mit eingerollten Enden ein filigranes Muster.
Dieses Paar Ohrringe vertritt den Typus der byzantinischen Zeit, wobei ein oder mehrere Zierelemente vorkommen können. Auch in die islamische Schmuckkunst wurde diese Form übernommen.

    Publ.: Schmuck Nr. 68.
    Lit.: A. Greifenhagen, Schmuckarbeiten in Edelmetall II. Einzelfunde (1975) Taf. 52, 10–11. – N. Brosh, Islamic Jewelry. Katalog Jerusalem (1987) Nr. 8. – Auktion 22. 20.–21.11.1989, Frank Sternberg Zürich, Nr. 200.

**76 Ohrring**

    Gold. H. 4,5 cm, Br. 4,5 cm
    Byzantinisch, 6./7. Jahrhundert n. Chr.

Der halbmondförmige Ohrring ist oben mit einem Bügel ausgestattet und am äußeren Rand mit sieben Goldkugeln besetzt. Die Darstellung in der Binnenfläche ist ausgestanzt und zusätzlich graviert und gepunzt. Sie zeigt im Zentrum ein baum- oder pflanzenähnliches ornamentales Gebilde mit ausladenden Ranken. Ihm sind zwei Pfauen antithetisch zugeordnet.
Dieser Ohrringtypus wurde in byzantinischer Zeit entwickelt und verbreitete sich durch Handel und Nachmung über weite Gebiete. Er beeinflußte auch längere Zeit die Goldschmiede der islamischen Gebiete des Vorderen Orients. Wie hier die Pfauen – Sinnbild der Unsterblichkeit – wurden auch andere christliche Symbole verwendet: Tauben am Wassergefäß, das Kreuz, Weintrauben u. ä. Die Pfauen erscheinen meistens zu Seiten des Kreuzes, aber auch wie hier mit einem Baum oder einer Pflanze in der Mitte.

    Publ.: Sotheby's, Auktion London, 11. July 1988, Nr. 65. – Schmuck Nr. 69. – Ae. Yeroulanou, Diatrita. Gold piercedwork Jewellery from the 3rd to the 7th century (1999) Kat. 517. – L. Wamser u. R. Gebhard (Hrsg.), Gold. Magie, My-

thos, Macht. Gold der Alten und Neuen Welt. Schriftenreihe d. Archäol. Staatsslg. 2 (2001) Kat. 124.
Lit.: C. Ross, Catalogue of the Byzantine and Early Medieval Antiquities in the Dumbarton Oaks Collection (1965) Taf.47, Nr. 87. – A. Pierides, Jewellery in the Cyprus Museum (1971) 56 Taf. 38, 9. – F. Naumann, Antiker Schmuck. Katalog Kassel (1980) Nr. 102. – Schmuckmuseum Pforzheim. Von der Antike bis zur Gegenwart 4 (1987) Nr. 93. – Schmuck der islamischen Welt. Ausstellung des L. A. Mayer Memorial Museums Jerusalem. Katalog Frankfurt (1988) Nr. 1/3.

## 77 Kreuzanhänger

Gold und Almandin. H. 3,5 cm
Byzantinisch, Ende 6./Anfang 7. Jahrhundert n. Chr.

Das kleine Kreuz ist aus Goldblech hohl gearbeitet. Die Kreuzesarme sind im Querschnitt rund und verbreitern sich zu den Enden, wo sie flach geschlossen sind. Die Kante säumt eine Reihe aus Granulationskügelchen, nach innen schließt sich jeweils ein granuliertes Dreieck an. Im Zentrum sitzt ein gefaßter Almandin. An den oberen Kreuzesarm ist eine profilierte Öse angesetzt.

Die Kreuzanhänger setzen als Heils- und Schutzzeichen die uralte Tradition der Amulettanhänger anderer Formen fort und wurden in christlicher Zeit – oft mit anderen Amuletten zusammen – getragen. Aus der Literatur wissen wir, daß wie in heidnischer Zeit auch mit dem Kreuz Zauberpraktiken verbunden wurden, welche die Kirche schließlich zum Eingreifen nötigte.

Publ.: Schmuck Nr. 70.
Lit.: H. O. Münsterer, Amulettkreuze und Kreuzamulette. Studien zur religiösen Volkskunde (1963) 13 ff. – A. Pierides, Jewellery in the Cyprus Museum (1971) Taf. 39, 3 u. 4. – W. u. E. Rudolph, Ancient Jewelry from the Collection of Burton Y. Berry (1973).

## 78 Fingerring

Gold, Bergkristall. Dm. 1,8 cm
Byzantinisch, 7./8. Jahrhundert n. Chr.

Die Ringschiene besteht aus einem kantigen Reif, der mit drei Reihen von pilzförmigen etwas kantigen Noppen besetzt ist. Oben ist die körbchenartige glatte Fassung aufgelötet. Sie ist profiliert mit einer Horizontalkehle, deren

Kat. 77

Kat. 78

Rand gekerbt ist (hier deutliche Gebrauchsspuren sichtbar), und hält mit einem Rand einen ovalen mugeligen Bergkristall. Der Glanz des Steines wird dadurch erhöht, daß das Gold der Innenseite der Körbchenfassung durchscheint.

Sowohl die noppenbesetzte Schiene wie auch die hohe Fassung sind charakteristische Stilelemente der frühbyzantinischen Zeit.

Lit.: Schiene: M. C. Ross, Catalogue of the Byzantine and Early Medieval Antiquities in the Dumbarton Oaks Collection. II. Jewelry, Enamels and Art of the Migration Period (1965) Nr. 73.

## 79 Kreuzanhänger

Silber. H. 9,2 cm
Byzantinisch, 8./11. Jahrhundert n. Chr.

Die Arme des flachen Kreuzes weiten sich zu den Enden hin aus, an den Ecken sitzt jeweils ein kleiner kreisförmiger Fortsatz mit gepunzten Kreisaugen. Oben ist eine profilierte Öse zum Aufhängen angelötet. Im Zentrum war ursprünglich vermutlich die Fassung für einen Stein aufgelötet, jetzt zeugen nur noch Reste von Lötblei davon.

Die Kreuzform mit den zu Kreisen ausgeweiteten Ecken ist sowohl bei kleinen Anhängern wie auch bei großen Vortragekreuzen weit verbreitet. Ihre größte Verbreitung scheinen sie während des 8./11. Jahrhunderts n. Chr. gehabt zu haben.

Publ.: Schmuck Nr. 71.
Lit.: Byzanz. Das Licht aus dem Osten. Kult und Alltag im Byzantinischen Reich vom 4. bis 15. Jahrhundert. Ausstellungskat. Paderborn (2001) Nr. IV.29.

## 80 Fingerring

Bronze. Dm. 1,7 x 1,9 cm
Byzantinisch, 6./8. Jahrhundert n. Chr.

Die flache Schiene verläuft einheitlich gerundet zur runden Platte hin, in die ein Kreuz eingraviert ist, dessen

Kat. 79

Arme in kleinen Querbalken enden. Um den Rand verläuft eine Strichel-Linie.

Der Fundort soll in der Gegend von Nürnberg liegen. Üblich sind so einfache Bronzeringe mit Kreuz in der byzantinischen Zeit in der Levante.

Publ.: Schmuck Nr. 73.

Kat. 80

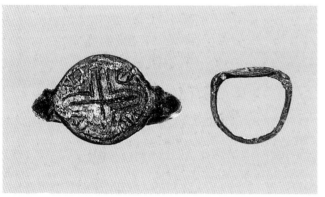

Kat. 81

Kat. 82

## 81 Fingerring

Bronze. Dm. 2,2 x 2,0 cm
Byzantinisch, 6./8. Jahrhundert n. Chr.

Die runde Schiene verläuft einheitlich gerundet zur ebenfalls runden Platte hin. Am Ansatz verdickt sich die Schiene und weist Kerbornamente auf. Auf die Ringplatte ist ein Kreuz eingraviert, das von einer Linie umgeben ist; in den Zwickeln Bögen und Schraffierungen.
Der Fundort soll wie bei Nr. 80 in der Gegend von Nürnberg liegen. Auch zu diesem, der vorigen Nummer ähnlichen Stück lassen sich die Vergleiche in der Levante finden. Vermutlich ist die Herkunft beider Ringe dort zu suchen.

Publ.: Schmuck Nr. 74.

## 82 Gürtelschnalle

Bronze. Am Scharnier gebrochen und geklebt. L. 6,8 cm
Byzantinisch, 6./7. Jahrhundert n. Chr.

Die Schnalle setzt sich aus drei Teilen zusammen: dem ovalen vorne eingezogenen Schnallenbügel, dem profilierten vorkragenden Dorn und dem langen U-förmigen Beschlag. Mit einem Scharnier sind diese Teile miteinander verbunden. Mittels zweier vertikaler Ösen auf der Rückseite des Beschlags konnte die Schnalle am Lederriemen des Gürtels befestigt werden.

Die Oberseite des Beschlags ist in Durchbruchsarbeit verziert und auf eine massive Platte gleicher Form montiert. Die Darstellung mag sich in ihrer überaus abstrahierten Form von einer Tierkampfszene ähnlicher Gürtelschnallen ableiten lassen, allerdings mit der Veränderung, daß hier rechts noch eine Traube zu sehen ist. Vermutlich weist auch sie auf den christlichen Charakter des Stückes, der bei den erwähnten Schnallen durch den Sieg Christi über den Teufel (symbolisiert durch den Tierkampf) dargestellt wird und den Träger unter göttlichen Schutz stellen soll.

Publ.: Schmuck Nr. 76.
Lit.: J. Werner, Eine goldene byzantinische Gürtelschnalle in der Prähistorischen Staatssammlung München. Motive des Physiologus auf byzantinischen Schnallen des 6.–7. Jahrhunderts: Bayerische Vorgeschichtsblätter 53, 1988, 301 ff.

## 83 Fingerring mit gemugeltem Schichtenachat

Gold, Achat. Innerer Dm. 2,0 cm, H. 2,9 cm
Byzantinisch, 10./12. Jahrhundert n. Chr.

Die Schiene von rundem Querschnitt endet an der runden Platte, deren Rand von einem tordierten Draht zwischen zwei Kerbdrähten umgeben ist. Im Zentrum bildet ein niedriger Goldblechstreifen die Fassung für einen hohen gemugelten Achat, dessen Schichten von beiger, weißer und hellbrauner Farbe sind. Seine Oberfläche ist matt geschliffen.

Kat. 83

Kat. 84

## 84 Fingerring mit Bergkristall und Granalien

Gold, Bergkristall. Innerer Dm. 1,8 cm, H. 1,3 cm
Byzantinisch, 10./12. Jahrhundert n. Chr.

Die D-förmige Schiene sitzt mit im Dreieck angeordneten Granalien an der ovalen Kastenfassung an. Diese ist in der halben Höhe von einem horizontalen Perldraht umgeben und seitlich mit je drei Granalien besetzt. In die Fassung ist ein ovaler flach gewölbter Bergkristall eingesetzt. Als Untergrund wurde eine beige gipsartige Masse eingelegt. Der Typus von Fingerringen mit Granalien, die den seitlichen Ansatz der Schiene kaschieren, setzte in der spätrömischen Zeit (vgl. Kat. 65) ein und erlebte eine Renaissance ab dem 10. Jahrhundert in der byzantinischen Schmuckkunst. In Mitteleuropa jedoch wurde der Typus schon in der Merowingerzeit Mode (vgl. Kat. 101).

Lit.: G. R. Davidson, Corinth XII. The Minor Objects (1952) Nr. 1819 (Beispiel für 10./12. Jahrhundert n. Chr.). – B. Deppert-Lippitz, A Group of Late Antique Jewellery in the Getty Museum: Studia Varia from the J. Paul Getty Museum 1, 1993, 124 Nr. e (Beispiel für 5. Jahrhundert n. Chr.).

## 85 Fingerring

Gold und Granat. Dm. 1,9 cm, H. 2,7 cm
Byzantinisch, 11. Jahrhundert n. Chr.

Der Reif besteht aus einer flachen Platte und einer damit verbundenen im Querschnitt D-förmigen Schiene. Letz-

Kat. 85

tere zeigt ein ziemlich abgewetztes Flechtbandmuster. Oben ist eine sternförmig gezackte ovale Platte befestigt, deren Zentrum ein mugeliger Granat schmückt, der von einem Goldblechstreifen und einem gedrehten Golddraht gefaßt ist. Kleine Goldkugelpyramiden umgeben ihn strahlenförmig; seitlich der Platte zwei Pyramiden aus vier großen Goldkugeln.
Die nächste Parallele bildet ein byzantinischer Fingerring aus Konstantinopel in der Dumbarton Oaks Collection.

Publ.: Schmuck Nr. 66.
Lit.: M. Schulze-Dörrlamm, Zwei hochmittelalterliche Goldscheibenfibeln aus Italien: Archäologisches Korrespondenzblatt 20, 1990, 463 ff., Taf. 73, 4.

*Kat. 86*

## 86 Fingerring

Gold, Achat. Innerer Dm. 1,9 cm, H. 3,4 cm
Mittelbyzantinisch, 10./12. Jahrhundert n. Chr.

Die bandartige Ringschiene ist auf der Außenseite mit einem Flechtband zwischen doppelten Kerbdrähten verziert. Im unteren Teil ist das Ornament vom Tragen stark abgenutzt. Der aufgelötete Ringkopf besteht aus einer runden Grundplatte mit Kerbrand und Granalien und darüber zwei Reihen aus filigranem Draht in Schlaufenmuster, welche die Fassung für einen gemugelten grünen Achat bilden. Da die obere Schlaufenreihe Spuren von Klebstoff aufweist, ist der Stein wahrscheinlich nicht zugehörig. Seitlich auf der Schulter ist jeweils eine krönchenartige Fassung gelötet, in die mittels eines Golddrahtstiftes je eine Perle aufgefädelt ist (ergänzt).
Die einzelnen Elemente dieses Ringes sind aus der mittelbyzantinischen Zeit bekannt: Schiene mit Flechtband, seitliche Krönchenfassungen mit Perlen und die Schlaufenreihen (diese nicht bei Fingerringen).

Lit.: Seitliche Perlen: M. C. Ross, Catalogue of the Byzantine and Early Medieval Antiquities in the Dumbarton Oaks Collection. II. Jewelry, Enamels and Art of the Migration Period (1965) Nr. 114.
Schlaufenreihen: z. B. bei Körbchenohrringen: Jewellery through 7000 Years. British Museum (1976) Nr. 188.

# Sasanidisches Reich

## 87 Fingerring

Orange und beige gestreifter Achat. Dm. 2,6 cm, Br. der Platte 2,0 cm
Sasanidisch, 6./7. Jahrhundert n. Chr.

Der gesamte Ring ist aus fein geschichtetem Achat gearbeitet. Die Schiene besitzt einen kreisrunden Innendurchmesser und eine im Querschnitt D-förmige Schiene. Letztere verbreitert sich nach oben, wo ein Segment abgeschnitten ist. Die somit entstandene Bildfläche blieb frei. Auf der Gegenseite der Schiene befindet sich eine Knubbe. Diese ist ein Charakteristikum sasanidischer und frühislamischer Ringe. Sie wurde oft als Gußzapfen interpretiert. Die Tatsache, daß sie auch bei Steinringen ausgearbeitet wurde, widerspricht dieser Deutung. Es handelt sich wohl um ein zusätzliches Schmuckelement, das vielleicht aus einem zweiten gefaßten Stein auf der Rückseite der Schiene hervorgegangen ist. Diese Dekorationsart war im Hellenismus und in römischer Zeit verbreitet.

Publ.: Schmuck Nr. 77.
Lit.: G. Zahlhaas, Antiker Schmuck. Kleine Ausstellungskat. d. Prähist. Staatsslg. 4 (1985) Nr. 67.

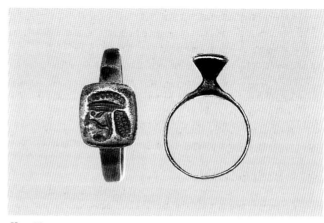

*Kat. 88*

## 88 Fingerring

Bronze. Innerer Dm. 1,9 cm, H. 2,7 cm
Sasanidisch, 6./7. Jahrhundert n. Chr.

Die dünne kreisförmige Schiene besitzt leicht facettierte Schultern und einen pyramidenstumpfförmigen Aufsatz, dessen Grundfläche das Bildfeld darstellt. Die Darstellung zeigt einen männlichen Kopf nach links, dessen Charakteristikum in seiner reichen Lockenfrisur und seinem geschwungenen Schnurrbart besteht. Sie entsprechen dem Erscheinungsbild sasanidischer Porträts.

*Kat. 87*

Die Ringform stammt aus dem byzantinischen Bereich, wird im sasanidischen aufgenommen und danach auch in der islamischen Schmuckkunst weitergeführt.

Publ.: Schmuck Nr. 78.
Lit.: Motiv und Form: G. Zahlhaas, Antike Fingerringe und Gemmen. Die Sammlung Dr. E. Pressmar. Ausstellungskat. d. Prähist. Staatsslg. 11 (1985) Nr. 76.

### 89 Siegelstein

Beiger Karneol. H. 1,5 cm, Bildfeld 1,1 x 1,4 cm
Sasanidisch, 6./7. Jahrhundert n. Chr.

Vom kugeligen durchbohrten Siegelstein ist ein Segment abgeschnitten, so daß eine ovale Bildfläche entsteht. Darin ist ein Pfau mit langem geschlossenem Schweif, nach rechts schreitend, eingetieft.

Publ.: Schmuck Nr. 79.
Lit.: R. Göbl. Der sasanidische Siegelkanon (1973) Nr. 25 a. – Ders., Die Tonbullen vom Tacht-e Suleiman. Ein Beitrag zur spätsasanidischen Sphragistik (1976) Nr. 83.

### 90 Siegelstein

Karneol in moderner Goldschiene, oben Ausbruch. H. 1,7 cm, Bildfeld 0,9 x 1,5 cm
Sasanidisch, 6./7. Jahrhundert n. Chr.

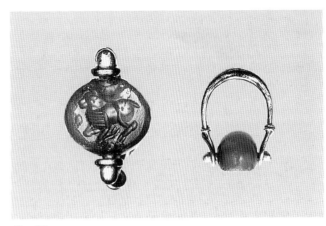

*Kat. 90*

Von dem rundlichen abgeflachten und durchbohrten Siegelstein ist ein Segment abgeschnitten, so daß ein ovales Bildfeld entsteht. Darin ist ein Tier (Widder oder Ibex), mit eingeschlagenen Beinen, nach links liegend, eingetieft wiedergegeben.

Publ.: Schmuck Nr. 80.
Lit.: R. Göbl, Der sasanidische Siegelkanon (1973) Nr. 55 a oder 56 a.

### 91 Siegelstein

Hellbrauner Karneol. H. 1,6 cm
Sasanidisch, 6./7. Jahrhundert n. Chr.

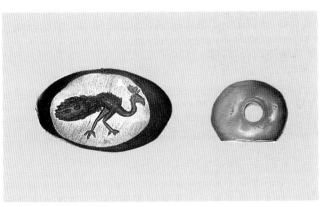

*Kat. 89*

*Kat. 91*

Von dem kugeligen durchbohrten Siegelstein ist ein Segment abgeschnitten, so daß eine ovale Bildfläche entsteht. Darin ist ein geflügeltes Zebu, nach links schreitend, eingetieft. Die Kalotte des Siegelsteines zeigt reliefartige Volutenornamente.

Publ.: Schmuck Nr. 81. – Pferdemann und Löwenfrau. Mischwesen der Antike. Ausstellungskat. d. Archäol. Staatsslg. 31 (2000) Nr. 31.
Lit.: R. Göbl, Der sasanidische Siegelkanon (1973) Nr. 72. – Ders., Die Tonbullen von Tacht-e Suleiman. Ein Beitrag zur spätsasanidischen Sphragistik (1976) Nr. 502 ff.

## 92 Siegelstein

Brauner Karneol in moderner Goldschiene. H. 1,4 cm, Bildfeld Dm. 1,1 cm
Sasanidisch, 6./7. Jahrhundert n. Chr.

Von dem rundlichen abgeflachten und durchbohrten Siegelstein ist ein Segment abgeschnitten, so daß ein rundes Bildfeld entsteht. Darin ist ein frontaler Stierkopf eingetieft dargestellt, zwischen dessen Hörnern ein Stern steht.

Publ.: Schmuck Nr. 82.
Lit.: R. Göbl, Der sasanidische Siegelkanon (1973) Nr. 53 i.

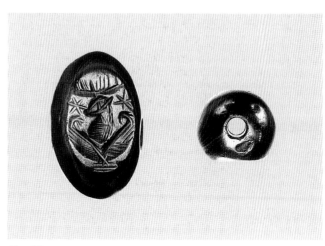

*Kat. 93*

## 93 Siegelstein

Dunkelbrauner Karneol. H. 1,7 cm, Bildfeld 1,5 x 1,0 cm
Sasanidisch, 6./7. Jahrhundert n. Chr.

Von dem rundlichen abgeflachten und durchbohrten Siegelstein ist ein Segment abgeschnitten, so daß ein ovales Bildfeld entsteht. Darin ist ein Hirschkopf mit Hals nach links eingetieft. Er wächst aus einem frontalen Flügelpaar hervor. Zwischen Kopf und Flügel sind Sterne eingefügt. Es herrscht ein graphischer Stil vor, der sich überwiegend gerader Linien bedient.

Publ.: Schmuck Nr. 83. – Pferdemann und Löwenfrau. Mischwesen der Antike. Ausstellungskat. d. Archäol. Staatsslg. 31 (2000) Nr. 30.
Lit.: R. Göbl, Der sasanidische Siegelkanon (1973) Nr. 51 q. – P. Zazoff, Die antiken Gemmen. Handbuch der Archäologie (1983) Taf. 122,6.

## 94 Gemme

Sardonyx in moderner Ringfassung aus Silber. H. 2,7 cm, Br. 1,7 cm
Sasanidisch, 6./7. Jahrhundert n. Chr.

Die hellbraun, dunkelbraun und weiß gestreifte Sardonyxgemme zeigt einen Vogel nach links. Der gebogene

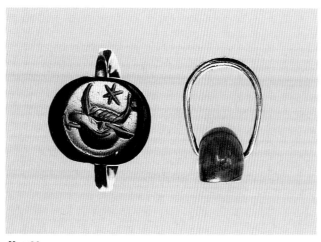

*Kat. 92*

Kat. 94

Kat. 95

Schnabel weist auf einen Adler, der sich als Siegelmotiv immer besonderer Beliebtheit erfreute. Seine im Rücken ausgebreiteten Flügel sind in die Fläche geklappt, so daß einer nach oben und einer nach unten gerichtet ist. Auch die Schwanzfedern sind aufgefächert.

Publ.: Schmuck Nr. 84.

## 95 Fingerring

Gold-Granat, Granat mit mehreren Brüchen und Ergänzungen. H. 3,0 cm
Sasanidisch, 6./7. Jahrhundert n. Chr.

Die im Querschnitt runde Ringschiene verbreitert sich nach oben trompetenförmig und endet in einer Kerbe an dem konischen Unterteil der Fassung, die nach einem horizontalen Grat leicht nach innen einbiegt. Darin ist der hochgewölbte Granat gefaßt, in den ein Adler mit ausgebreiteten Flügeln geschnitten ist. Die Körperfedern sind in gleichmäßigen Reihen ornamental angegeben, die sehr starren Schwanzfedern sind zusätzlich quer gemustert. Zwischen den Vogelklauen und zwischen vorderer Klaue und Flügel befindet sich je eine flache runde Vertiefung. Diese ornamentale Musterung begegnet in der sasanidischen Glyptik sonst bei den Haaren der Menschen und beim Fell mancher Tiere (z. B. Löwenmähne).

Vogelfedern werden üblicherweise viel schlichter dargestellt. Bei der vorliegenden Wiedergabe wählte man die reiche Ausarbeitung auch für die Schwanzfedern des Adlers. Der Kopf ist flächig ergänzt, von ihm ist nur die obere Konturlinie original erhalten.

Lit.: Form: A. B. Chadour u. R. Jopien, Schmuck II. Fingerringe. Kunstgewerbemuseum der Stadt Köln (1985) Nr. 129. Motiv: R. Göbl, Der sasanidische Siegelkanon (1973) Taf. 13, 35 a.

# Islam

## 96 Kettenglied

Gold, Granat. L. 2,8 cm
Islamisch, 7. Jahrhundert n. Chr.

Bei dem Schmuckstück handelt es sich um einen sog. Schieber, der ursprünglich drei Stränge einer Halskette oder eines Armbandes zusammenhielt. Deshalb ist das Ornament dreigeteilt und daher ist das Stück dreimal horizontal durchbohrt. Auf einer doppelten Grundplatte sitzt im Zentrum eine Halbkugel in *opus interrasile*, seitlich schließt sich jeweils ein lilienförmiges Element an, mit Kerbdraht als Randbegrenzung und einer tropfenförmigen Fassung, in die ein Granat gleicher Form eingesetzt ist.

Obwohl das *opus interrasile* aufgrund der geringen Größe des Teiles sehr dicht und nicht besonders exakt ausgeführt ist, läßt sich ein rund angelegtes Ornament erkennen wie es sich bei scheibenförmigen Kettengliedern der Zeit des 7. Jahrhunderts n. Chr. findet. Für die Gesamtform des vorliegenden Stückes und seine Verwendung konnte keine Parallele gefunden werden. Allerdings kommt ähnliche Ornamentik auch auf Perlen der islamischen Zeit vor (vgl. Kat. 98).

Lit.: Ornament: A. Pierides, Jewellery in the Cyprus Museum (1971) Taf. XXXV (7. Jahrhundert n. Chr.). – Schmuck der islamischen Welt. Ausstellung des L. A. Mayer Memorial Museums Jerusalem. Katalog Frankfurt (1988) Kat. 1/26 (11./13. Jahrhundert).

*Kat. 96*

*Kat. 97*

## 97 Ohrring

Gold. Dm. 3,7 x 4,6 cm
Islamisch, 11./12. Jahrhundert n. Chr.

Sechs hohle Schmuckkugeln sind durch kleine Stege aneinandergelötet und im Halbkreis gebogen, zudem noch auf einen halbkreisförmigen Golddraht aufgezogen. Die einzelnen Kugeln bestehen aus sechs runden Scheiben, jede mit drei gekerbten konzentrischen Leisten und einer zentralen Goldkugelpyramide verziert. Oben schließt ein Golddrahtbügel den Kreis, an einer Seite durch ein Scharnier verschließbar, das an einem Zierstück mit einer Art Doppelvolute ansitzt. In einer kleinen Öse an der gegenüberliegenden Seite des Bügels bewegt sich ein kleiner Eisenring.

Auf einen Bügel aufgereihte Goldkugeln sind typisch für die islamische Goldschmiedekunst, wobei der Typus sicherlich aus dem römischen über das byzantinische Schmuckrepertoire abgeleitet ist. Die Öse am Bügel und das eigenartige Zierstück unter dem Scharnierverschluß finden sich bei seldschukischen Parallelen aus dem Nordiran.

Publ.: Schmuck Nr. 91.
Lit.: A. B. Chadour u. R. Joppien, Schmuck I. Hals-, Ohr-, Arm- und Gewandschmuck. Kunstgewerbemuseum der Stadt Köln (1985) Nr. 184.

## 98 Perle

Gold. Dm. 1,5 cm
Islamisch, 10./11. Jahrhundert n. Chr.

Die Perle ist in Durchbruchsarbeit gefertigt, mit reicher Filigran-Ornamentik, die aus Kreisen mit eingeschriebenen Spiralen besteht. Solche Perlen wurden sowohl für Ketten als auch Ohrringe, aufgesteckt auf einen Goldbügel, verwendet.

Publ.: Schmuck Nr. 92.
Lit.: N. Brosh, Islamic Jewelry. Katalog Jerusalem (1987) Taf. 10.

## 99 Perle

Gold und Türkis. Dm. 2,0 cm
Islamisch, 10./13. Jahrhundert n. Chr.

In die glatte Oberfläche der hohlen Goldblechperle sind Durchbrüche eingestanzt. Außerdem wurden Schmuckornamente aus gekerbtem Golddraht aufgelötet. Kreise mit eingeschriebenen kreuzförmigen Ornamenten und aufgelöteten Goldkügelchen bilden das Muster. In die Zwickel zwischen die Kreise sind kleine herzförmige Fassungen eingelassen. In einer von ihnen hat sich noch ein kleiner Türkis erhalten. Die zusätzliche Bereicherung solcher Goldperlen mit farbigen Steinen ist selten.
Perlen dieser Art waren wie Nr. 98 für Ketten oder Ohrringe gedacht, eine vom Ornament und von den eingelegten Steinen her sehr enge Parallele bildet einen Nadelkopf.

Publ.: Schmuck Nr. 93.
Lit.: Collection d'Orfevrerie Antique. Galerie Koller Zürich, Auktion 15. Nov. 1982, Nr. 91 (Nadel).

## 100 Dosenanhänger

Bronze. Dm. 3,4 cm
Vorderer Orient, Mittelalter

Zwei flache Scheiben, die in Durchbruchstechnik ornamentiert sind, wurden jeweils mit einem niedrigen zylindrischen Blechrand versehen. Einer hat einen etwas gerin-

*Kat. 98*      *Kat. 99*

geren Durchmesser, so daß beide Teile wie bei einer Dose zusammengesetzt werden können. An das äußere Teil ist oben eine kleine Öse angelötet.
Vermutlich diente der Anhänger dazu, daß man duftende Stoffe oder kleine Pergamentrollen mit magischen Texten oder Koranversen darin tragen konnte. Die Dekorationsmotive mit Rankenornament weisen in den Bereich des islamischen Kunsthandwerkes, wo sie ab dem Mittelalter reichlich Verwendung fanden.

Publ.: Schmuck Nr. 94.
Lit.: Schmuck der islamischen Welt. Ausstellung des L. A. Mayer Memorial Museums Jerusalem. Katalog Frankfurt (1988) Kat. 2/58.

*Kat. 100*

# Völkerwanderungszeit und Frühes Mittelalter

### 101 Fingerring

Bronze. Dm. 1 cm
Merowingisch, 5./6. Jahrhundert n. Chr.

Die Ringschiene von unregelmäßig ovalem Querschnitt endet mit jeweils zwei kugelartigen Motiven an der flachen ovalen Platte. Darauf sind nicht zu deutende Zeichen einziseliert, die vermutlich ein Monogramm imitieren sollen.

*Kat. 101*

### 102 Ohrring

Gold-Almandin. H. 2,5 cm
Frühes Mittelalter, 5./6. Jahrhundert n. Chr.

Der offene Bügel des Ohrrings aus dickem Golddraht endet an einer Seite stumpf, an der anderen Seite ist ein polyedrisches Zierelement aufgesteckt und mittels eines Splintes befestigt. Auf die vier rhombenförmigen Seiten sind hohle – ebenfalls rhombische – Kastenfassungen gesetzt, die zweimal Almandin-, zweimal Glaseinlagen tragen. Polyederkapseln können in vielen Variationen verziert auftreten: mit Fassungen und Einlagen, mit Stegen oder mit zusätzlicher Granulation. Die Polyederform ist ab der spätrömischen Zeit beliebt, erlebt im byzantinischen Reich eine besondere Mode und wird von Südrußland aus durch die Goten nach Mitteleuropa vermittelt, wo sie bald ebenso beliebt und verbreitet ist wie im Mittelmeerbereich.

Publ.: Münchner Jahrbuch der Bildenden Kunst 3. F. 47, 1996, 174 f. m. Abb. 12.
Lit.: A. v. Freeden, Untersuchungen zu merowingerzeitlichen Ohrringen bei den Alamannen: 60. Bericht d. Römisch-Germanischen Kommission, 1979, 229 ff. – L. Wamser u. G. Zahlhaas (Hrsg.), Rom und Byzanz. Archäologische Kostbarkeiten aus Bayern (1998) Kat. 176 f. u. 193.

### 103 S-Fibel                Farbtafel 5

Silber, vergoldet, mit Almandineinlagen. L. 2,9 cm
Langobardisch, 2. Viertel 6. Jahrhundert n. Chr.

Bei der rechtsläufig S-förmigen Fibel sind die Enden als Raubvogelköpfe mit heruntergebogenem Schnabel und Schnabelwulst gebildet. Im Zentrum ist ein rechteckiger flacher Almandin eingelegt, an den Biegungen je ein dreieckiger Almandin, und die Vogelaugen sind runde Almandine. Die Flächen dazwischen zieren Längsrippen. Die Fibeln wurden oft paarweise getragen.

*Kat. 102*

*Tafel 9: Kat. 185* ▷

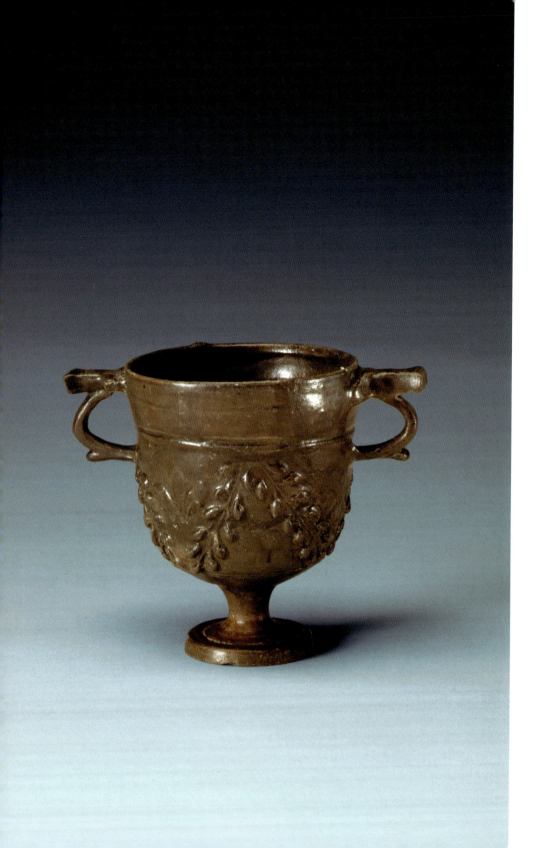

Tafel 10: Kat. 141
Tafel 11: (rechts) – Kat. 147

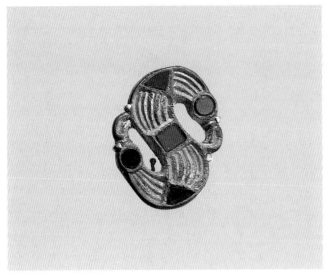

Kat. 103

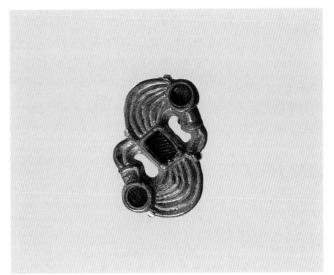

Kat. 104

Der Fibeltypus (Typ Schwechat-Pallersdorf) wurde von den Langobarden in Westungarn ausgebildet und begegnet dort in den Gräbern häufig. Nach der Auswanderung der Langobarden von Ungarn nach Italien im Jahre 568 n. Chr. war er wohl aus der Mode gekommen, da er in Italien nur noch selten anzutreffen ist. Die Verbreitung reicht weit donauaufwärts bis in das obere Donautal.

Lit.: J. Werner, Die Langobarden in Pannonien. Beiträge zur Kenntnis der langobardischen Bodenfunde vor 568 (1962) 43 f. Typus 3.

## 104 S-Fibel    Farbtafel 5

Silber, vergoldet, mit Almandineinlagen. L. 2,7 cm
Langobardisch, 6. Jahrhundert n. Chr.

Im Gegensatz zur vorigen Fibel gibt es hier nur drei Einlagen: eine zentrale rechteckige und die beiden runden der Vogelaugen.

Lit.: vgl. Nr. 103.

◁ Tafel 12: (links) Kat. 157 – (rechts) Kat. 142

## 105 Fingerring

Gold und grüne Glaspaste. Dm. 2,2 x 2,4 cm
Völkerwanderungszeit, 5./7. Jahrhundert n. Chr.

Auf die D-förmige, außen mit Leisten profilierte Schiene ist die rautenförmige Platte gesetzt, darauf die rechteckige Fassung für die grüne Glaseinlage. Diese umgibt in den dreieckigen Randfeldern Granulation.
Die Form der rautenförmigen Platte begegnet in der Völkerwanderungszeit, ein annähernd vergleichbares Exem-

Kat. 105

plar stammt aus einem Grab von Untersiebenbrunn in Niederösterreich.

Publ.: Auktion 23, 20.–21. Nov. 1989, Frank Sternberg Zürich, Nr. 688. – Schmuck Nr. 85.
Lit.: H. Wolfram, Gold von der Donau (1985) 31. – Germanen, Hunnen und Awaren. Schätze der Völkerwanderungszeit. Katalog Nürnberg (1987) VII 33 h.

## 106 Zierscheibe

Bronze. Dm. 8,4 cm
Frühes Mittelalter, 6./7. Jahrhundert n. Chr.

Die runde durchbrochene Zierscheibe trägt ein für das frühe Mittelalter übliches Ornament. Durch abgetreppte Stege entsteht im Zentrum eine Art Radmotiv, außen eine Reihe Y-förmiger Strahlen. Der innere Kreis ist mit Dreieckspunzen verziert, Kreisaugen sind auf die übrigen Stege verteilt. An einer Stelle des äußeren Randes sieht man deutlich Abnützungsspuren. Dort war die Scheibe an einem Lederriemen aufgehängt. In ganz Mitteleuropa war

Kat. 107

die Sitte verbreitet, daß Frauen der Merowingerzeit derartige Amulette am Gürtel trugen. Das Ornament dieser Zierscheibe weist nach Süddeutschland.

Publ.: Schmuck Nr. 86.
Lit.: H. Dannheimer, Zur Trageweise der durchbrochenen Zierscheiben der Merowingerzeit: Archäologisches Korrespondenzblatt 6, 1976, 49 ff.

## 107 Vogelfibel   Farbtafel 5

Silber, vergoldet, mit Almandin. L. 3 cm
Fränkisch, 6. Jahrhundert n. Chr.

Der kleine Vogel besitzt einen massiv gegossenen Körper aus feuervergoldetem Silber. In das Metall sind das große runde Auge, der Flügel und der rechteckige Fuß in Almandin eingelegt. Diese Einlagen sind mit gewaffelter Goldfolie hinterlegt, um die rote Farbe des Steines zum Leuchten zu bringen. Die Vergoldung ist stark abgerieben. Der Kopf des Vogels ist durch zwei Querleisten abgesetzt, der gebogene Schnabel besitzt einen Randwulst, außerdem sind die Krallen angedeutet.

Kat. 106

Ausgehend im 5. Jahrhundert von Südrußland breiteten sich die Vogelfibeln vor allem nach Süddeutschland, das Rheinland und Nordfrankreich aus, wo sich im 6. Jahrhundert der hier vorliegende fränkische Typus entwickelte. Die Mode der Vogelfibeln herrschte im 6. Jahrhundert vor und lief um 600 aus. Die Fibeln wurden meistens paarig getragen und hielten das Obergewand der Frauen im Schulterbereich fest.

Lit.: G. Thiry, Die Vogelfibeln der Germanischen Völkerwanderungszeit. Rheinische Forschungen zur Vorgeschichte Bd. 3 (1939) 37 ff. – R. Koch, Bodenfunde der Völkerwanderungszeit aus dem Main-Tauber-Gebiet. Germanische Denkmäler der Völkerwanderungszeit Serie A, Bd. 8 (1967) Taf. 85,1 (Verbreitungskarte).

Kat. 108        Kat. 109

## 108 Anhänger

Gold. Dm. 1,3 cm
Völkerwanderungszeit, 5. Jahrhundert n. Chr.

Den Rahmen des runden Anhängers bildet ein breiter geperlter Rand mit einer profilierten Öse. Im Inneren setzt sich das Muster aus drei gegeneinander gesetzten Halbkreisen mit eingerollten Enden zusammen, welche aus gerieften Golddrähten gefertigt sind.
Die Tradition derartiger Schmuckobjekte stammt aus der römischen Zeit, wo sie als Anhänger und als Verschlußscheiben von Halsketten vorkommen, und wird in die Völkerwanderungszeit fortgeführt. Gut vergleichbar erscheinen die Beigaben eines Grabes von Assmeritz (Nasoburky/ CSFR), in dem eine reiche Germanin vom Ende des 4. Jahrhunderts n. Chr. bestattet war.

Publ.: Schmuck Nr. 87.
Lit.: Germanen, Hunnen und Awaren. Schätze der Völkerwanderungszeit. Kataloge Nürnberg (1987) Nr. VIII 30 c und d.

## 109 Anhänger

Gold, Almandin, Bernstein und Perlen. Br. 2,0 cm
Völkerwanderungszeit, 5. Jahrhundert n. Chr.

Der lunulaförmige Anhänger mit geriefter Öse besteht aus einer goldenen Grundplatte, auf die mit Stegen die Fassungen für die verschiedenfarbigen Einlagen und feine Golddrahtornamente aufgesetzt sind. Das zentrale Motiv stellt ein Kreuz aus fünf quadratischen Fassungen mit Almandinen und Bernstein dar.
Ähnliche Anhänger kommen ab dem späten 4. Jahrhundert bis an das Ende des 5. Jahrhunderts in völkerwanderungszeitlichen Gräbern vor, wobei das Motiv des Kreuzes bisher noch nicht belegt ist.

Publ.: Schmuck Nr. 88.
Lit.: Germanen, Hunnen und Awaren. Schätze der Völkerwanderungszeit. Katalog Nürnberg (1987) Nr. V 111 18 b.

## 110 Bügelfibel                                Farbtafel 5

Silber und Almandin in neuer Silberfassung.
L. 8,5 cm, Br. 5,5 cm
Merowingisch, 2. Hälfte 6. Jahrhundert n. Chr.

Die Fibel besitzt eine halbkreisförmige Kopfplatte mit fünf Knöpfen mit runden Almandineinlagen (drei sind ergänzt). Ihre Verzierung zeigt einen umlaufenden Streifen mit Perlband, im Inneren senkrechte Strichverzierung. Beim gleichmäßig breiten Fuß sind Bügel und Fußplatte durch eine Leiste getrennt. Am rechten und linken Rand entlang verläuft ein Zickzackband in Kerbschnitt-Technik. In der Mitte zeigt sich dasselbe Motiv. Der flache Teil des Fußes ist zum großen Teil ergänzt, sein Mittelstreifen ist schraffiert.

*Kat. 110*

*Kat. 111*

## 111 Scheibenfibel     Farbtafel 5

Silber und Almandin in neuer Silberfassung. Dm. 2,4 cm
Merowingisch, 6. Jahrhundert n. Chr.

Die runde Fibelplatte ist durch Stege eingeteilt: Im Zentrum sitzt ein kreisförmiger Steg, von dem radial sechs Stege ausgehen. Die Segmente sind mit Almandin eingelegt (mit planer Oberfläche), im Zentrum sitzt ein mugeliger Almandin.
Die Fibel soll aus dem Rheinland stammen.

Publ.: Schmuck Nr. 90.
Lit.: H. Rupp, Die Herkunft der Zelleneinlage und die Almandin-Scheibenfibeln im Rheinland (1937).

Die Proportionen beim Dekor der Kopfplatte entsprechen Exemplaren vor allem aus Gräbern aus Kreuznach.

Publ.: Schmuck Nr. 89.
Lit.: H. Kühn, Die germanischen Bügelfibeln der Völkerwanderungszeit in der Rheinprovinz (1940) Nr. 118 und 119.

# Mittelalter

## 112 Fingerring mit sechseckiger Fassung

Gold, Saphir. Innerer Dm. 1,9 cm, Stein 0,8 x 0,6 cm
Westeuropa, 14. Jahrhundert

Die gleichmäßig gerundete bandförmige Schiene sitzt seitlich an der etwas unregelmäßig sechseckigen Fassung an, die 0,2 cm hoch und profiliert ist. Darin ist ein ebenfalls unregelmäßig sechseckiger Saphir gefaßt, der einen Sprung und eine leichte Delle auf der Oberfläche hat. Dieser Typus von Ringen war im 14. Jahrhundert verbreitet.

Lit.: S. Bury, An Introduction to Rings. Victoria and Albert Museum London (1984) Abb. 23 C, E, G.

## 113 Fingerring mit tropfenförmiger Fassung

Gold mit rosa Glas. Innerer Dm. 1,7 cm; Stein 0,4 x 0,2 cm
Westeuropa, 14. Jahrhundert

Die gleichmäßig gerundete Schiene von rundem Querschnitt endet seitlich der tropfenförmig konischen, oben flach gerundeten Fassung. In einem breiten Rand sitzt der ebenfalls tropfenförmige Glasstein. Der Ring gehört dem gleichen Typus wie Nr. 112 an und ist entsprechend zu datieren.

Lit.: vgl. Nr. 112.

*Kat. 113*

## 114 Kleine Ringfibel mit Umschrift

Bronze. Dm. 2,4 cm
13./15. Jahrhundert

Die kleine flache Ringfibel bzw. Brosche ist in der offenen Form gegossen und besitzt an einer Stelle des geschlossenen Ringes eine kleine Ausarbeitung, in der sich die Nadel bewegen kann. Den äußeren Rand des Kreises ziert ein schmaler Kerbrand, auf der Fläche führt die Inschrift in leicht erhaben gegossenen Buchstaben um das Rund:
+ AVE AMICA + .
Vergleichbare Stücke gibt es in England und seltener in Frankreich vom 13. bis 15. Jahrhundert.

Lit.: R. Hattat, Ancient Brooches and Other Artefacts (1989) 230 ff. Abb. 112 Nr. 1714; Abb. 241 Nr. 698 (Form); Abb. 242 Nr. 1347 u. 1429 (mit Inschrift).

*Kat. 112*

*Kat. 114*

*Kat. 115a*

*Kat. 115b*

*Kat. 116*

## 115 Fingerring

Silber, vergoldet. Innerer Dm. 2,0–2,2 cm, H. 2,9 cm
Nordwesteuropa/England, spätgotisch, 15. Jahrhundert

Die Ringplatte hat die Form eines bekrönten Herzens mit zwei seitlich nach unten weisenden Blüten, wobei die Zacken der Krone und die Blüten in der Form nicht unterschieden sind. Durch Vergleichsbeispiele kennt man die ursprüngliche Kombination. Die bandartige Schiene ist mit kreuzschraffierten Rauten verziert und endet umseitig – also auf der Fingerinnenseite zu tragen – in zwei sich fassenden Händen. Die Gewandärmel sind mit einer flachen Leiste und kurzen gravierten Strichen angedeutet.
Herz und sich vereinende Hände sind die Charakteristika für Liebes- oder Verlobungsringe, die vor allem in England, aber auch in Frankreich, Deutschland und Italien verbreitet waren. Die verschlungenen Hände entsprechen antiker Tradition (*dextrarum iunctio*, vgl. Kat. 64) und sind seit dem Mittelalter wieder sehr beliebt, das Hinzufügen eines Herzens ist eine Erfindung des 15. Jahrhunderts.

Lit.: H. T. Pfeiffer, Zeitzeuge Ring. Fingerringe von der Antike bis zur Neuzeit aus einer süddeutschen Privatsammlung (Neustadt/Aisch 2000) Nr. 119.

## 116 Fingerring

Bronze. Dm. 2,5 cm.

Die tordierte Schiene verläuft fast U-förmig und sitzt seitlich an der großen runden Platte an. Die reliefierte Dekoration der Platte zeigt im Zentrum einen Viererwirbel, umgeben von Perlbändern, die mit einfachen Leisten abwechseln.
Zu diesem Exemplar ist mir keine antike Parallele bekannt.

Publ.: Schmuck Nr. 95.

# Gefäße

## Gefäße – Bronze

### 117 Becher

Bronze. H. 8,4 cm
Luristan/Iran, Anfang 1. Jahrtausend v. Chr.

Der getriebene Becher besitzt eine konkave, sich nach oben stark erweiternde Wandung. Der Rand ist horizontal nach außen umgebogen, der Boden leicht gewölbt. Er gehört zum gleichen Typus wie Kat. 118 und ist in Luristan, aber auch darüber hinaus in Iran belegt.

Publ.: G. Zahlhaas, Luristan. Antike Bronzen aus dem Iran. Ausstellungskat. d. Archäol. Staatsslg. 33 (2002) Kat. 95.
Lit.: P. Calmeyer, Datierbare Bronzen aus Luristan und Kirmanshah (1969) 32 ff. – O. W. Muscarella, Bronze and Iron. Ancient Near Eastern Artifacts in the Metropolitan Museum of Art (1988) Nr. 496.

### 118 Becher

Bronze. H. 6,9 cm
Luristan/Iran, Anfang 1. Jahrtausend v. Chr.

Der gegossene kleine Becher mit konkaver Wandung besitzt eine aus dem gewölbten Boden herausgearbeitete ebenfalls leicht gewölbte Standfläche. Boden- und Randdurchmesser sind annähernd gleich. Der Rand ist verdickt, an einer Stelle ist ein kleiner Ausbruch ergänzt. Diese Gefäßform gibt es als Becher (ohne Henkel) und als Tasse (mit Henkel) im Vorderen Orient, überwiegend in Iran und speziell in Luristan in unterschiedlichen Größen.

Publ.: G. Zahlhaas, Luristan. Antike Bronzen aus dem Iran. Ausstellungskat. d. Archäol. Staatsslg. 33 (2002) Kat. 94.
Lit.: vgl. Nr. 117.

*Kat. 117*

*Kat. 118*

*Kat. 119*

*Kat. 120*

## 119 Napf

Kupfer. Dm. 9,5 cm
Vorderer Orient, 3. Jahrtausend v. Chr.

Der Napf wurde halbkugelig aus Kupferblech getrieben, wobei der Rand oben einfach abgeschnitten und nicht weiter bearbeitet wurde. Näpfe dieser Art sind in Iran und Mesopotamien in Ton und Metall verbreitet. Die schlichte Form läßt sich zeitlich nicht genauer eingrenzen. Exemplare mit Inschrift weisen auf die akkadische Zeit.

Lit.: P. Calmeyer, Datierbare Bronzen aus Luristan und Kirmanshah (1969) 27 f., Nr. 12 „Akkadische Schalen und Näpfe".

## 120 Schale

Bronze. Dm. 13,5 cm
Urartu, 9./8. Jahrhundert v. Chr.

Die Schale steht auf einem sehr kleinen gegossenen Standring. Die Wandung wölbt sich gleichmäßig und führt nach einem Schulterknick schräg nach oben. Diese Form ist in der urartäischen rotpolierten Keramik weit verbreitet und verweist das Bronzeexemplar in den Bereich der Kultur von Urartu.

Lit.: L. Vanden Berghe u. L. De Meyer, Urartu, een vergeten cultuur uit het bergland Armenie (1982) Kat. 157–160 (Bronze), Kat. 190–193 (Ton).

## 121 Rippenschale

Bronze. Dm. 14,5 cm
Urartu, 8./7. Jahrhundert v. Chr.

Die Rippenschale besitzt einen fast flachen Boden und biegt in einem sanften Knick zu dem kurzen leicht konischen Rand um. Die Verzierung besteht aus 55 schmalen Zungenbändern oder Rippen, die von innen getrieben sind und deren Endbögen mit kräftigen Viertelkreispunzen abgeschlossen werden. Im Zentrum laufen sie schwächer werdend aus und lassen eine kleine runde Fläche frei. Rippenschalen gibt es in Variationen in vielen antiken

Kat. 121

Kat. 122

Kulturen seit dem Beginn des 1. Jahrtausends v. Chr. (vgl. Kat. 123). Ihre Dekoration wurde speziell in der Toreutik ausgebildet, fand aber auch in anderen Materialien Nachahmungen (vgl. Glasschale Kat. 155). Verwendung fanden sie als Trink- und Opfergefäße sowie als Grabbeigaben. Die vorliegende Schale läßt sich in ihrem Kontur mit Beispielen aus Bronze und Silber aus dem urartäischen Gebiet im Osten Anatoliens bis Azerbaidjan vergleichen.

Lit.: R. Merhav (Hrsg.), Urartu. A Metalworking Center in the First Millennium B. C. E. (1991) 210 f., Nr. 9 (Bronze), 222 Nr. 23 (Silber).

## 122 Schale

Bronze. Dm. 14,0 cm
Vorderer Orient, 9./7. Jahrhundert v. Chr.

Die getriebene Schale mit breitem flachem Boden und S-förmig geschwungenem Profil weist im Zentrum am Boden eine von außen getriebene und innen grob ziselierte 12-blättrige Rosette mit zentralem Buckel auf. Schalen dieses Typus wurden bei Grabungen in Iran, Irak, Syrien und Anatolien in Schichten des 9. bis 7. Jahrhunderts v. Chr. gefunden.

Lit.: O. W. Muscarella, Bronze and Iron. Ancient Near Eastern Artifacts in the Metropolitan Museum of Art (1988) Nr. 501. – D. Stutzinger, Neuerwerbungen des Museums aus den Jahren 1986–1999. Archäologische Reihe 16. Museum für Vor- und Frühgeschichte Frankfurt a. M. (1999) Nr. 15.

## 123 Rippenschale

Bronze. Dm. 16,8 cm
Luristan/Iran, 8./7. Jahrhundert v. Chr.

Die Schale besitzt im flachen weiten Boden einen getriebenen Standring und auf der Wandung ein dichtes sehr exakt gearbeitetes Zungenstabmuster. Die Schulter ist dadurch betont, der einfache Rand weitet sich leicht nach oben aus. Derartige Rippenschalen finden sich in der Kultur Luristans und wurden dort in Gräbern des 8./7. Jahrhunderts v. Chr. gefunden.

*Kat. 123*

*Kat. 124*

Publ.: Schmuck Nr. 10. – G. Zahlhaas, Luristan. Antike Bronzen aus dem Iran. Ausstellungskat. d. Archäol. Staatsslg. 33 (2002) Kat. 263.
Lit.: L. Vanden Berghe, Luristan. Een verdwenen bronskunst uit West-Iran. Ausstellungskat. Gent (1982), Abb. 53 (aus Chamzhi-Mumah).

## 124 Omphalosschale

Bronze. Dm. 16,5 cm
Vorderer Orient, 8./7. Jahrhundert v. Chr.

Der Boden der Schale ist flach und biegt in einer Wölbung um, dann setzt im Gegenschwung der trichterförmige Rand an, so daß ein S-Profil entsteht. Im Zentrum wurde ein Omphalos von außen getrieben, der im Inneren von einer Leiste und einem flachen Rahmen umgeben ist.
Der Typus mit S-förmigem Profil ist verbreitet in Mesopotamien, Syrien, Anatolien und Iran, wobei er unterschiedliche Dekorationen aufweisen kann. Die Entstehungszeit ist im 8./7. Jahrhundert v. Chr. anzusetzen.

Lit.: vgl. Kat. 122, zu den Omphalosschalen auch Kat. 127.

## 125 Schale

Bronze. Dm. 13,5 cm
Iran, 7./6. Jahrhundert v. Chr.

Die Schale hat einen leicht gewölbten Boden und knickt zu einem konischen Rand um, wobei der Knick durch eine negative Rille betont wird. Im Zentrum innen findet sich eine 16-blättrige Rosette, umgeben von Drehrillen. Die Rosette ist bei zahlreichen Beispielen des Vorderen Orients belegt (vgl. Kat. 122).

Lit.: vgl. Kat. 122.

*Kat. 125*

*Kat. 126*

*Kat. 127*

## 126 Schale

    Bronze. Dm. 13,5 cm
    Phönikisch, 7. Jahrhundert v. Chr.

Die napfartige Schale zeichnet sich durch ihre gravierte und an manchen Stellen leicht getriebene Innendekoration aus. Am Rand innen zieht eine Prozession von fünf Stieren nach links. Nach oben und unten ist der Fries von einer Reihe kleiner Kreise begrenzt. Der Übergang von Rand zu Boden war großteils ausgebrochen und wurde ergänzt, so daß die Dekoration dieser Partie nicht ganz deutlich wird. Im Zentrum des Bodens steht eine Blüte mit leicht erhaben gearbeiteter und von einer doppelten Linie eingefaßten Mitte. Daran schließt sich ein konzentrischer Friesstreifen an, in dem noch die Reste von weiteren Tieren zu sehen sind, allerdings sind sie nicht bestimmbar.
Vergleichbare Schalen dieser Art, die in Stil, Technik und Komposition sehr ähnlich sind, kennen wir aus dem phönikischen Bereich.

    Lit.: G. Falsone, A Syro-Phoenician bull-bowl in Geneve and its analogue in the British Museum: Anatolian Studies 35, 1985, 131 ff. – Die Phönizier. Ausstellung Venedig (1988) 336 ff. – Die Phönizier im Zeitalter Homers (1990) Nr. 25.

## 127 Schale

    Bronze. Dm. 22,5 cm
    Griechisch, 6./5. Jahrhundert v. Chr.

Die einheitlich gewölbte Bronzeschale ohne Standfläche ist im Zentrum mit einem Omphalos ausgestattet. Die dünn ausgetriebene Wandung endet oben in einem verdickten Rand von dreieckigem Querschnitt.
Der Funktion nach ist die Schale mit Omphalos (griechisch Phiale) ein Spendegefäß. Zahlreiche Darstellungen zeigen opfernde Götter und Menschen, die aus einer solchen Phiale eine Opferspende ausgießen.

    Publ.: Schmuck Nr. 15.
    Lit.: H. Luschey, Die Phiale (1939).

*Kat. 128*

*Kat. 129*

## 128 Omphalosschale

>Bronze. Dm. 12,4 cm
>Griechisch, 5./4. Jahrhundert v. Chr.

Das flache, gleichmäßig gerundete Schälchen ist gegossen und im Zentrum mit einem kleinen Omphalos ausgestattet, der von einem leicht vertieften Streifen umgeben ist. Die Phiale gehört zu den Spendegefäßen und ist in der griechischen Kultur weit verbreitet (vgl. auch Kat. 127).

>Lit.: H. Luschey, Die Phiale (1939).

## 129 Kännchen

>Bronze. H. 10,5 cm (mit Daumenstütze)
>Römisch, 2. Viertel 1. Jahrhundert v. Chr.

Der doppelkonische Gefäßkörper mit abgeflachter Standfläche schließt mit einem abgetrepptem Rand oben ab. Der (modern angeklebte) Henkel umfaßt etwa ein Viertel des Randes und endet in stark vereinfachten Vogelköpfen. Oben am Henkel sitzt eine blattartige geschwungene Daumenstütze. In leichtem Schwung führt der Henkel zur Schulter und endet dort in einem rechteckigen Abschluß.

Beim vorliegenden Exemplar handelt es sich um eine kleine Ausführung des Kannentyps „Gallarate" (benannt nach dem gleichnamigen Fundort), der in das 2. Viertel des 1. Jahrhunderts v. Chr. zu datieren ist. Exemplare dieses Typus treten überwiegend in Italien auf.

>Lit.: M. Tizzoni, La cultura tardo La Téne in Lombardia. Instituto Universitario di Bergamo: Studi Archeologici 1, 1981, 12 ff. – J. Graue, Die Gräberfelder von Ornavasso: Hamburger Beiträge zur Archäologie, Beiheft 1 (1974) 27 ff.

## 130 Amphore                              Farbtafel 13

>Bronze. H. 14,5 cm
>Römisch, 1. Jahrhundert v. Chr./1. Jahrhundert n. Chr.

Die kugelige Amphore ist gegossen und nur an wenigen Partien getrieben. Der rundliche Körper steht auf einem flachen Standring, der kurze Hals weitet sich nur leicht zur Mündung hin. Zwei gegossene, kräftige, gebogene

*Kat. 130*

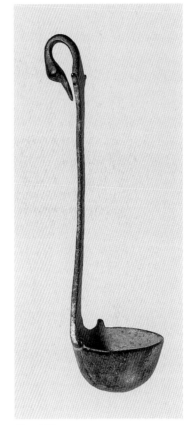

*Kat. 131*

Henkel auf schlichten Attaschen (Vierecke mit drei eingezogenen Seiten) sind seitlich angelötet. In unterschiedlicher Breite und Zusammensetzung umziehen kräftige Drehrillen die Fläche des Gefäßkörpers, die Binnenfläche des Bodens, den Halsansatz und den Rand außen und die Randpartie innen. Diese Drehrillen bilden ein wichtiges Dekorationselement im Erscheinungsbild der Amphore.

Lit.: A. Mutz, Ein handwerkliches Meisterstück, in: Actes du VIe Colloque International sur les Bronzes antiques 1976 (1977) 127 ff.

## 131 Kyathos

Bronze. L. 18,3 cm
Hellenistisch/spätrepublikanisch, 2./1. Hälfte 1. Jahrhundert v. Chr.

Am napfförmigen Schöpfteil sitzt senkrecht der Stiel an, wobei sein Ansatz seitlich in volutenartigen Enden am Rand entlang verläuft, begleitet von jeweils einer Rille, die auf der Rückseite des Griffes überkreuz endet. Der Kontur des Griffes ist leicht geschwungen, verbreitert sich seitlich oben mit zwei kurzen Stegen und endet umgebogen in einem Wasservogelkopf.

Diese Art Schöpfkelle wurde *kyathos* oder *simpulum* genannt. Damit konnte Flüssigkeit aus einem enghalsigen Gefäß geschöpft werden, an dessen Rand man das Gerät nach Gebrauch mittels des umgebogenen Stiels hängen konnte. Der Kyathos ist schon seit mykenischer Zeit bekannt, die vorliegende Form war vor allem im Hellenismus beliebt. Während bei den frühhellenistischen Exemplaren das Schöpfschälchen relativ flach war, wird im späten Hellenismus eine tiefere gewölbtere Form wie beim vorliegenden Beispiel beliebt. Dieser späte Typus findet sich auch in spätlatènezeitlichem Zusammenhang, z. B. in der Schweiz und in Frankreich. Er ist nach der 1. Hälfte des 1. Jahrhunderts v. Chr. nicht mehr nachweisbar und wurde in der frühen Kaiserzeit von jenem mit als Standfläche abgeflachtem Körper und kurzem Stiel abgelöst.

Im Römischen gehörte das Simpulum zu den wichtigen Kultgeräten. Kyathos war zudem eine Maßeinheit von 0,045 l, die vor allem beim Trinkgelage für die Teilnehmer verbindlich vorgegeben wurde.

Lit.: Zahlreiche hellenistische Silberexemplare: A. Oliver, Silver for the Gods. 800 Years of Greek and Roman Silver (1977) Nr. 13, 15, 30, 58, 75. – G. Ulbert, Cáceres el Viejo (1984) 90 ff.

*Kat. 132*

## 132 Situla

Bronze. H. mit Bügelhenkel 21 cm
Späthellenistisch, 2./1. Jahrhundert v. Chr.

Das mit kräftiger Wandung gegossene und nachgetriebene Gefäß besitzt einen gedrungen rundlichen Körper ohne Standfläche. Den kurzen Hals umziehen getriebene Leisten: eine schmale Leiste am Halsansatz und eine kräftig hervortretende Leiste auf halber Höhe. Letztere diente wohl gleichzeitig als Auflager für einen Deckel. Zudem ist das Gefäß mit Attaschen und einem Bügelhenkel ausgestattet.
Die nicht sehr fein ausgearbeiteten Attaschen bilden einen Bogen, der einen mißverstandenen und umgedeuteten Heraklesknoten darstellen soll und auf dem eine runde Öse zum Einhängen des Henkels sitzt, und teilt sich sowohl am oberen wie am unteren Ansatz in zwei Stege, welche in Herzblättern enden. Diese sind mittels Nieten unten an der Gefäßschulter und oben am Hals befestigt. Der Bügelhenkel biegt in balusterförmigen Enden um, besitzt im Zentrum oben einen Ring zum Aufhängen und seitlich davon zwei blattförmige Zierelemente.
Die Henkelform stellt eine einfache Variante eines spätrepublikanisch-frühkaiserzeitlichen Typus dar. Die Attaschenform mit Heraklesknoten und Herzblättern hat Parallelen in späthellenistischer Zeit (wahrscheinlich aus Alexandria). Die Gefäßform selbst findet sich bei Beispielen aus dem sarmatischen Gebiet Südrußlands aus dem 1. Jahrhundert v. Chr., deren Produktion in Oberitalien angenommen wird.

Lit.: Gefäßform: E. Moser, Italische Bronzegefäße aus Kalinovka, Volgograd: Archäologisches Korrespondenzblatt 5, 1975, 135, Taf. 43,3. – B. A. Raev, Bronze Vessels of the Late La-Tène-Period from Sarmatia, in: Akten der 10. Internationalen Tagung über antike Bronzen Freiburg 1988 (1994) 347 ff., Abb. 9.
Attaschen: J. W. Haynes, Greek, Roman, and Related Metalware in the Royal Ontario Museum (1984) Nr. 100–108. – M. Comstock u. C. Vermeule, Greek, Etruscan & Roman Bronzes in the Museum of Fine Arts Boston (1971) Nr. 471 (aus Gamai/Ägypten).

## 133 Amphore

Bronze. H. 15,5 cm
Hellenistisch-römisch, 1. Jahrhundert v. Chr.

Der kugelige Gefäßkörper steht auf einem herausgetriebenem Standring. Der originale Boden ist ausgebrochen und wurde mit einer Bodenscheibe mit Drehrillen erneuert. Der fast zylindrische Hals schließt mit einem leicht verdickten Rand ab. Die beiden rechtwinklig geknickten Henkel sind außergewöhnlich gestaltet. Sie enden in dem Huf eines Paarhufers, der auf der als Palmette gebildeten Attasche steht. Auf dem vertikalen Teil eines Henkels ist ein Stempel eingeschlagen.

Kat. 133

Kat. 134

Auf jedem der Henkel ist auf der Rückseite über dem Huf ein R eingestempelt. Die Henkel sind später angeklebt und weisen eine andere Patina auf als der Gefäßkörper, gehörten aber ursprünglich aufgrund der Lötspuren wohl zu diesem Gefäßkörper.
Amphoren bzw. Doppelhenkelkrüge der vorliegenden Form gehören zum hellenistischen bis spätrepublikanischen Repertoire an Metallgefäßen, sind jedoch nicht sehr häufig. Eine genaue Parallele, vor allem auch für die Form und Dekoration der Henkel, ließ sich nicht finden. Der Stempel weist jedenfalls auf eine römerzeitliche Werkstatt.

Lit.: B. Raev, Metal Vessels from „Hohlac" (Novocerkassk), in: Bronzes Hellénistiques et Romains. Tradition et Renouveau. Actes du Ve Colloque International sur les Bronzes Antiques Lausanne (1979) 235 ff. – J. W. Haynes, Greek, Roman, and Related Metalware in the Royal Ontario Museum (1984) Nr. 152. – G. Ulbert, Cáceres el Viejo (1984) 79 f.

## 134 Sieb

Bronze. Dm. 10,3 cm, H. 6,8 cm, L. mit Griff 24,5 cm
Römisch, 2. Hälfte 1./2. Jahrhundert n. Chr.

Der halbkugelige Siebkörper aus dünnem Bronzeblech endet oben in einem gerade ausgebogenen Rand. Der Griff aus ziemlich dünnem Material ist angearbeitet und ruderförmig profiliert, die Profile etwa in der Mitte des Griffes sind durch Kerben abgesetzt. Das dichte Muster aus kleinen Sieblöchern bildet im Zentrum bis knapp der Hälfte der Wandung mit Zungenstäben eine 34-blättrige Rosette, darüber verläuft zwischen je einer doppelten horizontalen Linie eine Art „laufender Hund". Die oberste Lochreihe ist unterhalb des Griffes unterbrochen.
Siebe dieser Art kommen überwiegend zusammen mit Kellen vor, in die sie einpassen, und gehörten entweder zum Trink- oder zum Küchengeschirr. Ihr Typus wird nach Eggers als Form 160 klassifiziert und kommt in Grab-, Siedlungs- und Hortfunden vor, auch im

freien Germanien. Die zeitliche Verbreitung erstreckt sich etwa von der Mitte des 1. bis zum Ende des 2. Jahrhunderts n. Chr.

Lit.: H. J. Eggers, Der römische Import im freien Germanien (1951) Typ 160. – J. Lindeberg, Die Einfuhr römischer Bronzegefäße nach Gotland: Saalburg-Jahrbuch 30, 1973, 33 ff. – J. Kunow, Der römische Import in der Germania libera bis zu den Markomannenkriegen. Studien zu Bronze- und Glasgefäßen (Göttinger Schriften zur Vor- und Frühgeschichte 1983). – H. Petrovszky, Studien zu römischen Bronzegefäßen mit Meisterstempeln (1994) Typ X 6.

## 135 Situla                                   Farbtafel 16

Bronze. H. 12,0 cm, mit Henkel 20,3 cm
Römisch, 2. Jahrhundert n. Chr.

Der fast zylindrische Gefäßkörper biegt zum kleinen konkaven Boden ein und weitet sich oben mit einem kurzen Rand. Drehrillen finden sich am Boden außen und unterhalb des Randes innen und außen. Zwei große herzblattförmige Attaschen sind seitlich angelötet, in deren Ösen sich der Henkel bewegt, dessen umgebogene Enden als profilierte Knöpfe gebildet sind. Dieser Typus niedriger Eimerchen ist aus der Levante bekannt und wurde in römischer Zeit, im 2. Jahrhundert n. Chr., dort gefertigt. Auch die Form der Attaschen findet sich in diesem Bereich.

Lit.: J. W. Haynes, Greek, Roman, and Related Metalware in the Royal Ontario Museum (1984) Nr. 143 (Form) u. Nr. 145 (Attaschen) aus Palästina.

## 136 Schale

Bronze. Dm. 21,4 cm
Byzantinisch, 8./10. Jahrhundert n. Chr.

Die Schale ist gegossen und nur wenig ausgetrieben. Treibspuren sind innen und außen zu sehen, trotzdem ist

Kat. 135

Kat. 136

Tafel 13: Kat. 130 ▷

Tafel 14: (links) – (links)
Kat. 173, (rechts) Kat. 181;
Tafel 15: Kat. 183

die Schale recht schwer. Im Zentrum erhebt sich ein kantiger Omphalos nach innen, dessen Fläche eine sechsblättrige geritzte Rosette trägt. Das Profil des kantigen Schalenrandes ist außen durch grobe waagrechte Kerben herausgearbeitet. Auf der Außenseite zeigen sich Reste von Verzinnung. Die Technik der Schale und das Ornament im Zentrum weisen auf die byzantinische Zeit.

Publ.: Schmuck Nr. 75.

## 137 Flache Platte

Kupfer. Dm. 39,5 cm
Byzantinisch, 10./12. Jahrhundert n. Chr.

Die große Platte besitzt eine flache Standfläche und einen breiten abgetreppten Rand. Die Hammerspuren sind auf der Außenseite des Randes deutlich zu sehen, während das Innere und der Boden außen sorgfältig geglättet sind. Im Zentrum ist eine einfache Dekoration eingeritzt. Innerhalb eines Kreises wurde mittels Zirkelschlägen eine sechsblättrige Rosette konstruiert, umgeben von doppelten Halbkreisbögen in den Zwickeln und einer Reihe von einfachen Halbkreisbögen an der Außenseite des Kreises. Gerahmt wird dieses zentrale Motiv von zwei doppelten konzentrischen Kreisen.

Lit.: Form: T. Ulbert, Der kreuzfahrerzeitliche Silberschatz von Resafa-Sergiupolis. Resafa III (1990) Abb. 29 b.

## 138 Schnabelkanne

Bronze. H. 22 cm
Nachguß einer etruskischen Schnabelkanne des 5./4. Jahrhunderts v. Chr.

Das gesamte Gefäß mitsamt dem Henkel und den drei Füßchen ist gegossen. Bei originalen Kannen goß man lediglich den Henkel und lötete ihn an den getriebenen Gefäßkörper an.

◁ Tafel 16: Kat. 135

Kat. 137

Kat. 138

# Gefäße – Ton

### 139 Schälchen

Ton. Dm. 13,5 cm
Anatolien. Mittlere Bronzezeit, 17./16. Jahrhundert v. Chr.

Das handgefertigte Schälchen mit kräftiger Wandung ist gleichmäßig gewölbt (ohne Standfläche), der schräg abfallende Rand ist innen leicht gekehlt. Die Oberfläche des Gefäßes aus rotem Ton wurde geglättet, wobei die Glättstreifen gut zu sehen sind. Nach dem Glätten bemalte man den Rand des Schälchens mit weißer Farbe in doppelten Zickzacklinien.

### 140 Kantharos

Ton, Bucchero. Dm. 14,0 cm, H. mit Henkel 13,5 cm. Ein Henkel ist ergänzt.
Etruskisch, um 600 v. Chr.

Der steilwandige kelchförmige Gefäßkörper steht auf einem Standring und wird von beiden hochgezogenen Bandhenkeln überragt. Die tief sitzende Schulter ist durch eine leicht gekehlte Leiste markiert.

Kat. 140

Buccherokeramik mit ihrer schwarz glänzenden Oberfläche ist ein typisches Erzeugnis der etruskischen Töpferkunst und imitiert Metallgefäße. Aus dem nordetruskischen Bereich der Zeit um 600 v. Chr. sind einfache unverzierte Beispiele wie das vorliegende Exemplar belegt. Während sonst Kantharoi einen hohen, elegant geschwungenen Fuß besitzen, wurde hier ein niedriger Standring gewählt.

Lit.: Case e Palazzi d´ Etruria. Ausstellung Siena (1985) 80 Kat. 60–61.

### 141 Ringhenkelkantharos            Farbtafel 10

Ton, glasiert. H. 9,5 cm
Späthellenistisch, spätes 1. Jahrhundert v. Chr./frühes 1. Jahrhundert n. Chr.

Der Körper besitzt schmale hohe Form, steht auf einem schmalen Fuß mit leicht profilierter Bodenplatte und ist mit zwei Ringhenkeln mit trapezförmiger Daumenplatte und Stützsporn ausgestattet. Die Dekorationszone im unteren Bereich ist oben mit einer doppelten Rille zur glatten Randzone abgegrenzt. Der Reliefdekor zeigt vier Paar schräg angeordnete Zweige mit einheitlich ovalen Blättern, in die Zwickel sind aufrechtstehende dreiblättrige Zweige gesetzt. Die Glasur ist dunkel olivfarben.

Kat. 139

Kat. 141

Kat. 142

Die späthellenistische Reliefkeramik imitiert Metallgefäße mit getriebenem Dekor. Die Details von Fuß und Henkel wie auch die Glasur gehen ebenso auf Metallvorbilder zurück. Mehrere Werkstätten in Kleinasien sind bisher ausgewiesen. Vom Ornament her ist das vorliegende Gefäß keiner dieser Werkstätten zuzuweisen, der Form nach steht es der sog. Pergamon-Smyrna-Gruppe nahe.

Lit.: A. Hochuli-Gysel, Kleinasiatische glasierte Reliefkeramik (50 v. Chr. bis 50 n. Chr.) und ihre oberitalienischen Nachahmungen (1977). – dies., Späthellenistische und frühkaiserzeitliche Reliefkeramik in der Prähistorischen Staatssammlung München: Bayerische Vorgeschichtsblätter 44, 1979, Nr. 4.

## 142 Kasserolle                    Farbtafel 12

Ton, glasiert. L. 14,0 cm
Späthellenistisch, 1. Jahrhundert v. Chr.

Vom Gefäßkörper ist der flache Boden leicht abgesetzt. Der Rand ist innen gekehlt, außen verdickt. Der im Querschnitt rechteckige Griff sitzt am Rand an und endet in einer undeutlichen Doppelvolute, seine Oberseite ist mit drei eingetieften Linien kanneliert. Als Dekoration finden sich vier dichte Reihen von Schuppenmuster aus kleinen Rauten. Die Glasur war ursprünglich dunkelgrün, jetzt ist sie z. T. – vor allem auf der Außenseite – hellgrün irisierend.

Die Kasserolle gehört wie Kat. 141 zu den Imitationen von Metallgefäßen, deren Glanz durch die Glasur nachgeahmt werden soll. Auch dieses Gefäß stammt aus einer der kleinasiatischen Werkstätten, wo der Schuppendekor beliebt war.

Lit.: A. Hochuli-Gysel, Kleinasiatische glasierte Reliefkeramik (50 v. Chr. bis 50 n. Chr.) und ihre oberitalienischen Nachahmungen (1977) Taf. 15 W 77 (Form), Taf. 62 W 37 (Rauten).

## 143 Ringhenkelskyphos

Ton. H. 5,8 cm
Späthellenistisch, 1. Jahrhundert v. Chr./1. Jahrhundert n. Chr.

Von der abgesetzten Standfläche aus weitet sich der Gefäßkörper und biegt zum vertikalen Oberteil um. Der Rand ist nach innen leicht verdickt. Seitlich sitzen die Ringhenkel mit Stützsporn und Daumenplatte an. Letztere begleiten den Rand in Form von sehr vereinfachten Wasservogelköpfen. Das Gefäß besteht aus rotem Ton, das Oberteil und die Henkel sind mit einem beigen Überzug versehen.

*Kat. 143*

Die Form dieses Skyphos ist wie so viele andere aus der Toreutik übernommen.

> Lit.: Form: A. Hochuli-Gysel, Späthellenistische und frühkaiserzeitliche Reliefkeramik in der Prähistorischen Staatssammlung München: Bayerische Vorgeschichtsblätter 44, 1979, Nr. 5. – J. W. Hayes, Roman Pottery in the Royal Ontario Museum (1976) Nr. 135.

## 144 Sigillata-Napf mit Barbotineverzierung

Ton. H. 7,8 cm
Späthellenistisch-frührömisch, 1. Jahrhundert v. Chr.

Der rundliche Becher steht auf einem konischen Standring und schließt mit einer schwach verdickten abgesetzten Lippe ab. Er besteht aus sehr feinem hellroten Ton und ist sehr dünnwandig. Als Dekor wurde in Barbotinetechnik unterhalb des Randes viermal ein blütenartiges Ornament aufgebracht. Das Innere des Bechers ist einheitlich von einem roten Überzug überzogen. Auf der Außenseite sieht man, daß das Gefäß in die Flüssigkeit des roten Überzuges getaucht wurde, so daß das untere Drittel des Becher tongrundig blieb.

> Lit.: A. Papanicolau Christensen u. Ch. Friis Johansen, Les poteries hellénistiques et les terres sigillés orientales. Hama. Fouilles et recherches de la Fondation Carlsberg (1951).

*Kat. 144*

## 145 Sigillata-Krater

Ton. H. 11,0 cm
Römisch, 1. Jahrhundert n. Chr.

Der bauchige Gefäßkörper steht auf einem zylindrischen Fuß mit Standplatte. Der Kontur des Körpers schwingt zum weiten zylindrischen Hals ein, der Rand biegt horizontal aus. Seitlich sitzen die kleinen volutenartig eingerollten Henkel an. Als Dekor verlaufen eine Doppellinie waagrecht um den Halsansatz und eine weitere um die Schulter. In den unteren Teil des Gefäßkörpers sind – vertikal bzw. unter den Henkeln schräg – feine Riefen eingedrückt, welche die Reliefverzierung eines Metallgefäßes nachahmen soll.
Das ganze Gefäß ist in frührömisch-östlicher Sigillatatechnik mit einem roten Überzug versehen.

> Lit.: J. Garbsch, Terra Sigillata. Ein Weltreich im Spiegel seines Luxusgeschirrs. Ausstellungskat. d. Prähist. Staatsslg. 10 (1982) 106 Nr. O 19 (ohne Henkel).

Kat. 145

Kat. 146

## 146 Schälchen

Ton mit Grießbewurf. H. 4,5 cm
Römisch, 1. Jahrhundert n. Chr.

Das kleine Schälchen ist sehr dünnwandig gearbeitet, hat eine einheitlich gerundete Form mit leichtem Bauchknick und kleiner schwach abgesetzter Standfläche. Innen und außen ist es mit feinem Sand überzogen, wobei man das Aufbringen mittels eines Pinsels an den Spuren erkennen kann. Zudem ist die Innen- wie die Außenseite mit matt glänzendem Firniß überzogen.
Diese Art gehört zur Feinkeramik und ist aus Fundplätzen der claudisch-frühflavischen Zeit bekannt. Die Produktionsstätten lagen in Mittelitalien. Sie exportierten auch in das Gebiet nördlich der Alpen.

Lit.: E. Schindler-Kaudelka, Die dünnwandige Gebrauchskeramik vom Magdalensberg. Archäol. Forschungen Magdalensberg 3 (1975). – C. Schucany, St. Martin-Kilcher, L. Berger u. D. Paunier (Hrsg.), Römische Keramik in der Schweiz. Antiqua 31 (1999).

## 147 Kasserolle           Farbtafel 11

Ton. L. 22,5 cm. Zerschert, restauriert mit Ergänzungen
Wetterauer Ware, römisch, 1. Hälfte 2. Jahrhundert n. Chr.

Der Körper der Kasserolle ist hoch und steilwandig. Am glatten unprofilierten Rand sitzt der horizontale Griff an. Er ist breit und flach, sein Kontur ist außer den die Mündung begleitenden Schwanenköpfen ungegliedert. Als Dekoration sind auf seiner Oberfläche zwei waagrechte Reihen und eine senkrechte Reihe von Kreispunzen eingetieft, den Rand säumen eine Linie und eine Punktpunzenreihe. Auf der Unterseite des Griffes findet sich eine eingeritzte kursive Inschrift.

Das Exemplar aus Ton entspricht den vielen Metallexemplaren aus römischer Zeit. Die Nachahmung ging beim vorliegenden Stück soweit, daß man am Boden außen sogar die Rillen nachahmte, die beim Abdrehen der Metallgefäße entstehen. Die Keramikgattung der Wetterauer Ware, hergestellt in einer Produktionsstätte in Frankfurt-Nied, zeichnet sich durch ihre dicke, rote Engobe aus. Kasserollen waren eines der Hauptprodukte dieser Werkstatt.

Metallkasserollen wurden jedoch nicht nur in Ton, sondern auch in anderen Materialien nachgeahmt, vgl. Glas (Kat. 157) oder Marmor (Kat. 170).

> Lit.: Silberkasserolle: J. W. Hayes, Greek, Roman, and Related Metalware in the Royal Ontario Museum (1984) Nr. 3. – V. Rupp, Wetterauer Ware – Eine römische Keramik im Rhein-Main-Gebiet. Schriften des Frankfurter Museums für Vor- und Frühgeschichte, Archäologisches Museum Bd. 10 (1987).

Kat. 148

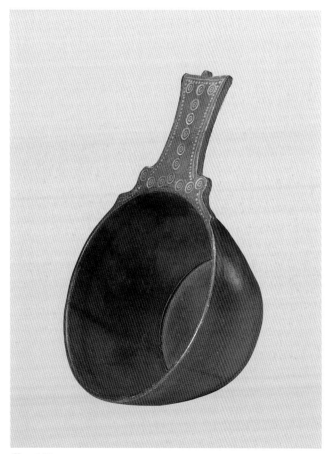

Kat. 147

## 148 Faltenbecher

> Ton, mit braunem Überzug. H. 10,0 cm
> Römisch, 2./3. Jahrhundert n. Chr.

Der leicht gebauchte Gefäßkörper steht auf einem kleinen kurzen Fuß, der Rand ist nach außen gebogen. In den Körper sind sechs senkrechte ovale Dellen eingedrückt. Um die Schulter und in die Zone unterhalb der Dellen bis zum Fußansatz findet sich Rollrädchendekor.

Faltenbecher sind für die gallisch-rheinische Region typisch. Durch die spezielle Ausformung mit den Dellen soll ermöglicht werden, daß man das Gefäß, das als Trinkbecher verwendet wurde, sicherer halten kann.

> Lit.: Römer am Rhein. Ausstellungskat. Köln (1967) Kat. E 62. – K. Vierneisel (Hrsg.), Römisches im Antikenmuseum. Staatl. Museen Preußischer Kulturbesitz Berlin (1978) 148 Nr. 160.

## 149 Kleiner Krug

Ton. H. 13 cm
Römisch, 3. Jahrhundert n. Chr.

Der spindelförmige Gefäßkörper besitzt eine durch einen Ring verstärkte Standfläche und eine ausschwingende Mündung mit schrägem, innen gekehltem Rand. Der profilierte Bandhenkel setzt am Rand an, führt nach oben und endet in einer schlichten Spitze oberhalb der Schulter. Der kleine Krug gehört zur Gattung der nordafrikanischen Sigillata.

Kat. 150

## 150 Sigillata-Schale

Ton. Dm. 13,7 cm. Zerscherbt, restauriert mit leichten Ergänzungen
Römisch, 2./3. Jahrhundert n. Chr.

Die halbkugelige Schale der Form Dragendorf 41 steht auf einer schwach abgeflachten Standfläche. Der Gefäßkörper ist in Glasschliffdekor verziert. Durch vertikale Doppellinien entstehen sechs metopenartige Felder, die jeweils durch eine diagonale Linie geteilt sind. In den so entstandenen dreieckigen Feldern sitzen durch kurze Einschliffe gebildete, flächig gefüllte Dreiecke.
Die Dekorationsweise in Schlifftechnik ist von Glasgefäßen übernommen.

Lit.: H. Dragendorff, Terra Sigillata: Bonner Jahrbücher 96/97, 1985/86, 18 ff. – F. Oelmann, Die Keramik des Kastells Niederbieber. Materialien zur römisch-germanischen Keramik (1914) Form 12.

Kat. 149

*Kat. 151*

*Kat. 152*

## 151 Schale mit Innendekor

Ton, außen glasiert. Dm. 25,2–25,8 cm, H. 8,3 cm
Byzantinisch, 12./13. Jahrhundert n. Chr.

Die hohe Schale steht auf einem breiten Standring, die Wandung erweitert sich gleichmäßig nach oben und endet mit einer senkrechten Partie. Außen ist das Gefäß tongrundig rötlich belassen, wobei Dreh- und Ratterspuren deutlich zu sehen sind, innen ist es beige glasiert. Die Darstellung ist in Sgraffitotechnik aus der Glasur geritzt, so daß durch den dunkleren Grund die Ritzlinie deutlich wird. Ein Rahmen mit Eierstabmuster bildet ein rundes zentrales Bildfeld, darin steht ein Vogel – wohl ein Adler – mit differenziert angegebenen Federn, umgeben von Winkelornamenten.

Diese Art von byzantinischer Keramik für den täglichen Gebrauch gehobener Lebensart ist vor allem durch einige Wrackfunde, aber auch durch Grabungen, bekannt geworden, sie läuft unter der Bezeichnung „Fine Sgraffito"-Keramik und gehört in das 12./13. Jahrhundert. Charakteristisch sind die Winkelornamente oder Zwickel, die ausschließlich mit figürlichen Motiven und zwar vor allem mit Vögeln auftreten. Der Eierstab des runden Rahmens findet dort ebenfalls Parallelen. Die Werkstätten werden im griechischen Bereich gelegen haben, ihre Lokalisierung muß aber weiterhin hypothetisch bleiben.

Lit.: C. H. Morgan, The Byzantine Pottery of Corinth II (1942). – J. H. S. Megaw, Aegean glazed ware. Studies in Memory of David Talbot Rice (1975) 34–35. – E. Dauterman Maguire, Ceramic Art of Everyday Life. The Glory of Byzantium (1997) 255 ff. bes. Kat. 187–188. – M.-L. v. Wartburg, Mittelalterliche Keramik aus dem Aphroditeheiligtum Palaiopaphos (Grabungsplatz TA): Archäologischer Anzeiger 1998, 133 ff. bes. Nr. 37 u. 52.

## 152 Becher

Ton. H. 7,7 cm
Römisch, 1. Jahrhundert n. Chr.

Kopie eines Bechers mit Barbotinedekor in Form von dichten Reihen von blattartigem Muster.

# Gefäße – Glas

## 153 Aryballos

Glas, vollständig erhalten. H. 9,0 cm
Römisch, spätes 1./2. Jahrhundert n. Chr.

Das Gefäß ist frei aus dickem grüngelbem blasigen Klarglas geblasen. Der kugelige Körper verengt sich oben zu einem kurzen zylindrischen Hals. Der Rand wurde erst nach außen und dann nach innen umgeschlagen und oben abgeplattet. Seitlich des Halses sitzen die beiden kräftigen Ösenhenkel an.
Die kugeligen Aryballoi dienten zur Aufnahme von Salböl. Sie gehörten zu den Gerätschaften, die man mit in die Thermen nahm. Entweder trug man das Gefäß an einem um Hals und Henkel montierten Bronzebügel oder man hängte es an einer Schnur oder Kette zusammen mit einer Strigilis an einen Ring. Aryballoi gab es in gleicher Form in Metall und Ton. Die Form kam in neronischer Zeit in Mode und blieb bis in das 3. Jahrhundert n. Chr. beliebt.

Lit.: C. Isings, Roman Glass from Dated Finds (1957) Form 61.

Kat. 154

## 154 Schälchen

Glas, vollständig erhalten. Dm. 11,1–11,8 cm
Römisch, 2. Jahrhundert n. Chr.

Das leicht bauchige Schälchen aus grünlichem Glas steht auf einem kleinen Standring, der Boden ist nach innen hochgestochen. Die Wandung biegt zum Rand horizontal aus und endet in einem leicht verdickten, unterschnittenen Rand. An der Außenkante sind zwei sich gegenüber liegende Wellenbänder aufgelegt.

Lit.: C. Isings, Roman Glass from Dated Finds (1957) Form 42, jedoch mit aufgelegten Wellenbändern wie Form 43. – A. v. Saldern u.a., Gläser der Antike. Sammlung Erwin Oppenländer (1974) Nr. 284. – The Constable-Maxwell Collection of Ancient Glass. Auktion Sotheby 14./15. June 1979, Nr. 130.

## 155 Rippenschale

Glas, mehrere Sprünge. Dm. 17,5 cm
Römisch, 1. Hälfte 1. Jahrhundert n. Chr.

Die Schale aus honigfarbenem Glas hat einen fast halbkugeligen Körper mit abgeflachter Standfläche. Die Schulterpartie umzieht eine Reihe von kurzen leicht schräg stehenden Rippen in unregelmäßigen Abständen, die kräftig aus dem Profil des Gefäßes herausragen.

Kat. 153

Kat. 155

Bei der Herstellung wurde ein heißer runder Glaskuchen auf eine Kernform für das Innere der Schale gelegt, die umgekehrt auf einer Drehscheibe fixiert war. Während des Drehens preßte man zuerst den Rand flach und drückte dann mit einem Werkzeug die Rippenzwischenräume ein, so daß die Rippen plastisch hervortraten. Zusätzlich wurden der innere Rand und die Lippe geschliffen. Im Inneren verläuft bei dem vorliegenden Exemplar eine kräftige eingeschliffene Linie etwa 2 cm unterhalb der Lippe.

Aus allen Teilen des römischen Reiches sind im 1. Jahrhundert n. Chr. Rippenschalen belegt, wobei es zahlreiche Produktionsstätten gegeben haben muß. Die Schalen mit kurzen Rippen, die also nicht bis zum Zentrum am Boden reichen, sind wesentlich seltener.

Lit.: C. Isings, Roman Glass from Dated Finds (1957) Form 3 c. – S. M. E. van Lith, Glas aus Asciburgium. Funde aus Asciburgium 10 (1987) 32 ff.
Herstellungstechnik: R. Lierke, „aliud torno teritur". Rippenschalen und die Spuren einer unbekannten Glastechnologie: Heißes Glas auf der Töpferscheibe: Antike Welt 24, 1993, Heft 3, 218 ff.

## 156 Flasche

Glas, vollständig erhalten. H. 13 cm
Römisch, Westliches Mittelmeer, 1. Jahrhundert n. Chr.

Die Flasche aus grünlichem Glas steht auf einer breiten, nach innen gewölbten Standfläche. Der Körper von birnenförmigem Umriß geht ohne Absatz in den langen zylindrischen Hals über, dessen Lippe verdickt ist.

Kat. 156

Alle Arten von Fläschchen – siehe auch die folgenden Beispiele – gehören zu den Salbgefäßen, da sie aufgrund ihres engen Halses zum Ausgießen von geringen Mengen wertvollen Öles geeignet sind. Sie wurden in der Römerzeit in großen Mengen in den unterschiedlichen Produktionsstätten hergestellt, dienten den Lebenden und finden sich vor allem auch in Gräbern.

Lit.: U. Liepmann, Glas der Antike. Kestner-Museum Hannover (1982) Nr. 35 ff.

*Kat. 157*

## 157 Kasserolle    Farbtafel 12

Glas, vollständig erhalten. Dm. 11,2 cm, L. 18,5 cm
Römisch, 2. Jahrhundert n. Chr.

Der konische, nur sehr schwach gebauchte Körper aus gelblich grünem Glas besitzt eine etwas nach oben gewölbte Standfläche, der kurze Rand verläuft schräg und endet abgerundet. Der bandförmige Griff sitzt, sich zum Ansatz verbreiternd, am Rand an, ist am Ende umgeschlagen und zu einer Leiste verdickt.
Die konische Form entspricht Metallexemplaren des 2. Jahrhunderts n. Chr. Kasserollen aus Glas waren im gesamten Imperium Romanum verbreitet. Weitere Beispiele aus Ton und Marmor vgl. Kat. 142, 147 und 170.

Lit.: C. Isings, Roman Glass from Dated Finds (1957) Form 75 b. – A. v. Saldern u. a., Gläser der Antike. Sammlung Erwin Oppenländer (1974) Nr. 557. – The Constable-Maxwell Collection of Ancient Glass. Auktion Sotheby 14./15. June 1979, Nr. 262. – S. Biaggio Simona, I Vetri Romani provenienti dalle terre dell´attuale Cantone Ticino I (1991) 89 f. Taf. 43.

## 158 Große zylindrische Flasche    Farbtafel 6

Glas, vollständig erhalten. H. 27,5 cm
Römisch, 2. Jahrhundert n. Chr.

Die große Flasche mit zylindrischem Körper ist ungebrochen. Das blasige grünliche Glas irisiert an mehreren Stellen. Der Kontur der Wandung zieht oben zum kurzen zylindrischen Hals ein, der Rand ist nach unten, oben und außen gefaltet und oben zu einer breiten Lippe abgeflacht. Der breite bandförmige Henkel mit scharfem Knick ist getrennt gearbeitet und angesetzt und endet auf der Schulter in kleinen Zacken. Als Dekoration dienen eingeschliffene horizontale Streifen, die in regelmäßigen Abständen den Körper umziehen: vier breite Streifen im Wechsel mit vier dünnen Linien.
Die außergewöhnlich große und gut erhaltene Flasche hat ein Fassungsvermögen von ca. 3,25 l, das wäre nach dem römischen Maß für Flüssigkeiten 1 *congius* (=3,27 l). Solche Flaschen stammen aus dem gallisch-rheinischen Gebiet.

*Kat. 158*

Lit.: C. Isings, Roman Glass from Dated Finds (1957) Form 50 b. – B. Filarska, Szkla Starozytne (1952) Kat. 138. – F. Fremersdorf, Die römischen Gläser mit Schliff, Bemalung und Goldauflage aus Köln (1967) Taf. 10.

## 159 Flasche

Glas, vollständig erhalten. H. 17,3 cm
Römisch, 3. Jahrhundert n. Chr.

Die Flasche aus sehr dünnem farblosen Glas besitzt einen birnenförmigen Körper mit kurzer eingezogener Schulter, einen Standring und einen leicht trichterförmigen Hals. Drei sehr fein eingeritzte Liniengruppen laufen horizontal um den Körper.

Kat. 160

## 160 Flasche

Glas, vollständig erhalten. H. 9,5 cm
Römisch, östliches Mittelmeergebiet, 3. Jahrhundert n. Chr.

Die gedrungene Flasche aus dünnem milchigem Glas steht auf einem engen Standring. Beim beutelförmigen Körper sitzt die Schulterzone sehr tief, nach oben geht der Kontur ohne Absatz in den kurzen zylindrischen Hals über.

Lit.: Y. Akat, N. Firatli, H. Kocabas, Cam Eserler Katalogu. – Hüseyin Kocabas Koleksioyonu. – Catalogue of Glass in the Hüseyin Kocabas Collection (1984) Kat. 193, Abb. 85.

## 161 Flasche

Glas, vollständig erhalten. H. 13,5 cm
Römisch, 3./4. Jahrhundert n. Chr.

Die Flasche aus hellgrünem Glas steht auf einer nach innen gewölbten Standfläche. Der kugelige Körper ist mit eng stehenden feinen Rippen verziert, die spiralig bis zur

Kat. 159

*Kat. 161*

*Kat. 162*

Schulter verlaufen. Der lange Hals beginnt leicht eingeschnürt und weitet sich zu zylindrischer Form. Um den Hals ist ein Faden in acht Windungen spiralig herumgeführt.

Lit.: Rippen: A. v. Saldern u. a., Gläser der Antike. Sammlung Erwin Oppenländer (1974) Nr. 491–498 (Provenienz vermutlich Syrien).

## 162 Becher

Glas. H. 9,0 cm
Römisch, 3./4. Jahrhundert n. Chr.

Der fast zylindrische Becher aus leicht grünlichem Glas schwingt zum Rand leicht aus und erweitert sich kurz über dem Boden zu einer halbkreisförmigen Ausbuchtung. Es handelt sich um einen spätantiken Trinkbecher, der aus dem Rheinland stammen soll.

Publ.: Th. Dexel, Trinkgefäße aus Glas. Arbeitsberichte aus dem Städtischen Museum Braunschweig 26 (1974) Abb. 1 rechts.

## 163 Flasche

Glas, vollständig erhalten. H. 10,0 cm
Römisch, Östliches Mittelmeergebiet, vermutlich 4. Jahrhundert n. Chr.

Der kugelige Gefäßkörper aus grünlichem Glas steht auf der abgeflachten Standfläche, die in der Mitte hochge-

*Kat. 163*

*Kat. 164*

### 165 Schlanker Becher

Glas, vollständig erhalten. H. 10,3 cm
Römisch, 4. Jahrhundert n. Chr.

Der schlanke Becher hat im Unterteil zylindrische Form und weitet sich oben leicht aus. In der unteren Hälfte des Gefäßes sind von vier Seiten schwache Dellen eingedrückt, so daß in dieser Region der Querschnitt des Bechers viereckig wird. Das Material ist farbloses, jetzt milchig gewordenes Glas.

Lit.: B. Filarska, Szkla Starozytne (1952) Kat. 78.

wölbt ist. Der weite zylindrische Hals ist fast doppelt so hoch wie der Gefäßkörper.

Lit.: U. Liepmann, Glas der Antike. Kestner-Museum Hannover (1982) Nr. 89 f.

### 164 Kleine Fußschale

Glas. H. 6,4 cm
Römisch, 3./4. Jahrhundert n. Chr.

Als Herkunft für die Schale wird Kleinasien angenommen. Sie besitzt einen breiten konischen Fuß und geht ausschwingend in den Körper über, der wiederum zum Rand hin ausschwingt.

Publ.: Th. Dexel, Trinkgefäße aus Glas. Arbeitsberichte aus dem Städtischen Museum Braunschweig 26 (1974) Abb. 4 links.
Lit.: A. v. Saldern u. a., Gläser der Antike. Sammlung Erwin Oppenländer (1974) Nr. 616.

*Kat. 166*

*Kat. 165*

*Kat. 167*

## 166 Fußbecher

Glas. H. 7,8 cm
Römisch, 4./5. Jahrhundert n. Chr.

Der Becher soll aus dem Euphratgebiet stammen und ist aus gelblichem Glas. Auf einen konischen Fuß folgt ein kurzer Stiel und darauf der nahezu geradwandige hohe Becher, der sich nach oben nur leicht erweitert.

Publ.: Th. Dexel, Trinkgefäße aus Glas. Arbeitsberichte aus dem Städtischen Museum Braunschweig 26 (1974) Abb. 4 rechts.
Lit.: C. Isings, Roman Glass from Dated Finds (1957) Form 111. – A. v. Saldern u. a., Gläser der Antike. Sammlung Erwin Oppenländer (1974) Nr. 707.

## 167 Glasgefäß mit blauen Stegen     Farbtafel 8

Glas, zerscherbt, aber fast vollständig. H. 16 cm, Mündungsdm. 12,8 cm
Islamisch, 7./9. Jahrhundert n. Chr.

Der kugelige Gefäßkörper aus grünlichem Glas steht auf einem von innen ausgeformten Fuß. Etwa ein Drittel der Gesamthöhe des Gefäßes nimmt der hohe trichterförmige Rand ein. In der unteren Hälfte des Körpers sind sechs vertikale blaue Stege aufgelegt, die wellenförmig abstehende Auflagen besitzen und in einer Öse an der Stelle des größten Durchmessers des Gefäßes enden. Dieses ist also zum Hängen gedacht.

Die Gesamtform des Stückes mit dem hohen Rand und den Hängeösen spricht für eine Verwendung als Lampe, allerdings sind die vergleichbaren Parallelen alle kleiner und besitzen im Inneren einen Kerzenhalter. Sie stammen aus der islamischen Zeit des 7./9. Jahrhunderts, Fundorte sind u. a. die Ommayadenschlösser, d. h. solche Lampen gehörten zu den Luxusgütern. Der Typus läßt sich aber weit bis in das Mittelalter hinein verfolgen. Eine Variante als Öllampe ist gut denkbar.

Lit.: A. v. Saldern, Glas von der Antike bis zum Jugendstil (1980) Nr. 176. – A. Engle, Light. Lamps and Windows in Antiquity. Readings in Glass History Nr. 20 (1987) 73. – Journal of Glas Studies 11, 1969, 112, Nr. 19 (Persien, 8./9. Jahrhundert). – Journal of Glas Studies 17, 1975, 123 Abb. 12 (Serbien, 15. Jahrhundert). – 7000 Jahre persische Kunst. Meisterwerke aus dem Iranischen Museum in Teheran (2000) Kat. 177.

*Kat. 168*

*Kat. 169*

### 168 Becher mit Reliefdekor        Farbtafel 7

    Glas, zerscherbt und Teile ergänzt. H. 11,8 cm
    Nordwestpersien, Nishapur, 9./10. Jahrhundert n. Chr.

Der konische Becher steht auf einer kleinen Standfläche, die leicht nach oben gewölbt ist. Das Gefäß ist geformt und auf der Außenseite mit Ornament in Relief verziert. Stege umgeben Kreise, Dreiecke und tropfenförmige Elemente und ergeben insgesamt ein flächendeckendes Ornament. Unterhalb des Randes verläuft ein gezähnter Streifen.

Das Ornament ist charakteristisch für Glasgefäße aus Persien aus dem 9./10. Jahrhundert. Auch die Form weist in dieselbe Zeit und in dieselbe Region.

    Publ.: Th. Dexel, Handwerk und Kunst in Persien. Arbeitsberichte. Veröffentlichungen aus dem Städtischen Museum Braunschweig (1991) Abb. 22 Mitte.
    Lit.: Journal of Glas Studies VI, 1964, 159 Nr. 13. – Journal of Glas Studies IX, 1967, 136 f. Nr. 20 (Form) und 21 (Ornament).

### 169 Flasche

    Glas. H. 21,5 cm
    Iran, Ghasnawidenzeit, 10./12. Jahrhundert n. Chr.

Die Flasche aus hellbraunem Glas besitzt einen gedrückt kugeligen Körper mit stark eingezogenem Boden. Der lange, sich verjüngende Hals endet oben in einer profilierten Mündung und einem leicht ausschwingenden Rand.

    Publ.: Th. Dexel, Handwerk und Kunst in Persien. 9. bis 19. Jahrhundert. Veröffentlichung aus dem städtischen Museum Braunschweig 61 (1991) Abb. 24 links.
    Lit.: J. Kröger, Islamische Kunst Bd. 1, Berlin, Staatl. Museen Preußischer Kulturbesitz (1984) Nr. 9 A.

# Gefäße – Stein

## 170 Kasserolle

Marmor. L. mit Griff 11,6 cm; Dm. 7,7 cm
Römisch, 1./2. Jahrhundert n. Chr.

Die Kasserolle in Miniaturformat aus weißem Marmor ist leicht durchscheinend und dünnwandig, da sie auf der Drehbank nachgedreht wurde, wie die Einstichlöcher innen und außen zeigen. Der Griff ist angearbeitet. An der schmalsten Stelle ist er gebrochen und geklebt.
Der Kontur des Gefäßkörpers verbreitert sich von einem sehr kleinen Standring in schwacher Wölbung stark nach oben. Der Griff sitzt mit seitlichen stilisierten Delphin- oder Schwanenköpfen an, schwingt stark ein und schließt in einer Halbkreisform ab.
Diese Form ist Metallgefäßen nachempfunden. Während auf der Außenseite zahlreiche Feilspuren schräg über die Wandung verlaufen, ist die Innenseite glatt. Dies mag mit der Verwendung zu tun haben. Als erstes würde man ein solches Miniaturgefäß als Toilettengerät ansprechen. Man verwendete es als Reibschälchen für Schminkmaterial.

Kat. 170

Lit.: vgl. Miniaturkasserolle aus Bernstein aus einem Grab in Rom: A. Bedini, Mistero di una Fanciulla. Ori e gioielli della Roma di Marco Aurelio da una nuova scoperta archeologica (1995) 81, Nr. 52.

# Geräte

### 171 Steinaxt

   Schwarzer Stein. L. 11,3 cm
   Anatolien, frühe Bronzezeit, 3. Jahrtausend v. Chr.

Die in ihrer Grundform ovale Steinaxt besitzt eine von zwei Seiten angelegte Bohrung, die etwas aus der Mitte des Gerätes gerückt sitzt. Der längere Teil verjüngt sich zu einem schmalen Grat, der Schneide, deren Oberfläche bestoßen ist. Der kürzere Teil hat einen abgeflachten, im Querschnitt runden Nacken. Die gesamte Oberfläche ist glatt poliert. Wenn man das Gerät schäftet, neigt sich aufgrund der leicht schrägen Bohrung die Schneide etwas nach unten, wodurch die Schlagkraft verbessert wird.

   Lit.: S. Lloyd u. J. Mellaart, Beycesultan I (1962) 270 ff. Abb. F 3,4.

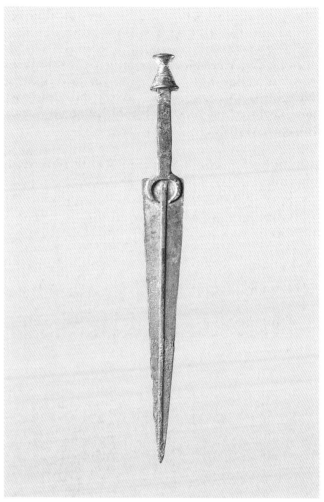

Kat. 172

Kat. 171

### 172 Dolch

   Bronze. L. 41,5 cm
   Nordwestiran, letztes Viertel 2. Jahrtausend v. Chr.

Der Dolch besitzt ein trianguläres Blatt mit kantiger Mittelrippe. Im Überfanguß ist der Griff mit je einem halbmondförmigen Ansatzstück auf jeder Seite angegossen. Das Heft ist angelötet und nicht zugehörig. Es hat viereckigen Querschnitt, auf ihm sind Spuren von Schnurumwicklung erhalten. Der Griff endet in einem aufgesetzten doppelkegelförmigen Knauf mit horizontaler Rippenverzierung.

Die Blattform und der Typus der halbmondförmigen Griffansätze (zusammen mit dem Blatt oder im Überfangguß gegossen) ist in Nordwestiran und im weiteren Bereich des Kaspischen Meeres verbreitet. Bei diesem Typus begegnen an den Griffen Randleisten zur Aufnahme von Einlagen. Der Grifftypus von viereckigem Querschnitt mit Knopf wie beim vorliegenden Stück ist in der Kaukasusregion verbreitet.

Lit.: O. W. Muscarella, Bronze and Iron. Ancient Near Eastern Artifacts in The Metropolitan Museum of Art (1988) Nr. 166, 169, 170 (mit Diskussion der halbmondförmigen Griffansätze).
Grifftypus: C. Schaeffer, Stratigraphie Comparée et Chronologie de l´Asie Occidentale (1948) Abb. 237.

## 173 Lampe                                    Farbtafel 14

Bronze. L. 15,5 cm
Römisch, vermutlich Italien, 1. Jahrhundert v. Chr./1. Jahrhundert n. Chr.

Die schmale Bronzelampe mit langovalem Körper und steiler Wandung endet in einer großen langausgezogenen Schnauze mit polygonalem Dochthalter. Eine Leiste umzieht sowohl den äußeren Rand des Dochthalters wie auch des flachen Lampenspiegels. Auf dem Spiegel befindet sich eine kleine lanzettförmige Vertiefung, in der die drei kleinen Einfüll-Löcher liegen. Der kräftige Griff ist halbkreisförmig geschwungen und endet in einem plastischen Pantherkopf. Die Lampe steht auf einem tropfenförmigen Fuß, der von unten hohl ist. Der Lampenkörper ist sehr dünnwandig gegossen.

Die Lampe entspricht einem frühen Typus, besitzt jedoch die in dieser Zeit sehr seltene Form des polygonalen Dochthalters und des tropfenförmigen Fußes. Beide Elemente sind an byzantinischen Lampen öfters zu finden. Der schön gestaltete Pantherkopf stellt ein Erzeugnis des frühen 1. Jahrhunderts n. Chr. dar.

Lit.: Körper und Schnauzenform: M. Comstock u. C. Vermeule, Greek, Etruscan & Roman Bronzes in the Museum of Fine Arts Boston (1971) Nr. 489 (Graeco-Römisch).
Fuß: J. W. Hayes, Greek, Roman, and Related Metalware in the Royal Ontario Museum (1984) Nr. 219 (5./6. Jahrhundert n. Chr.).

## 174 Schminkstift oder Ohrlöffelchen

Bronze. L. 9,5 cm
Nord-Iran, 1. Jahrhundert n. Chr.

Den Kopf eines kurzen kräftigen Stiftes, dessen unteres Ende abgeflacht und nach vorne gebogen ist, bildet eine Steinbockprotome. In den langen Hals des Tieres ist an der Basis ein Loch zum Aufhängen gebohrt. Kopf und Hals gegenüber sitzt ein sich etwas verbreiterndes Stück mit abgeflachtem Ende und kurzem Stift. Das Exemplar zählt zu den Toilettengeräten und kann als Schminkstift oder als Ohrlöffelchen dienen. Im ersten Fall konnte man die zum Herstellen von Schminke benötigten Rohstoffe mit dem unteren Ende und dem zu diesem Zweck abgeplatteten Hinterteil zerstoßen und zerreiben. Im zweiten Fall konnte man es zum Reinigen der Ohren verwenden. Stifte dieser Art gibt es mit Pferde- wie mit Steinbockprotomen. Die Datierung ergibt sich aus Fundzusammenhängen und wird mit dem 1. Jahrhundert n. Chr. angegeben.

*Kat. 173*

Kat. 174

Kat. 175

Publ.: Schmuck Nr. 13.
Lit.: E. de Waele, Bronzes du Luristan et d'Amlash. Ancienne Collection Godard (1982) Nr. 205–207.

## 175 Spiegel

Bronze. Dm. 22,2 cm, H. 36,5 cm
Römisch, 1. Hälfte 1. Jahrhundert n. Chr.

Der außergewöhnlich große und reich gestaltete Griffspiegel ist aus Bronze gegossen, die Spiegelfläche weist einen Überzug aus „Weißmetall" (Silber-Blei-Mischung) auf. Auf der Rückseite sind die konzentrischen Rillen vom Abdrehen der Scheibe zu sehen. Sie dienen gleichzeitig als Dekorationselement. Charakteristisch für die Zeitstellung ist der vielfältig profilierte Zackenrand mit der anschließenden Lochreihe, die bei dem vorliegenden Beispiel besonders reich ausgearbeitet ist, sowie der balusterartig profilierte Griff. Die Produktion dieses Typus erfolgte in Italien, vermutlich in Campanien. So finden sich z. B. unter den Funden von Pompeji verwandte Stücke.

Lit.: G. Lloyd-Morgan, The Mirrors. Rijksmuseum G. M. Kam at Nijmegen (1981) 57–61, group L. – Spiegel aus Boscoreale: A. Héron de Villefosse, Le Trésor de Boscoreale: Monuments Piot 5, 1899, 88 ff Taf. 19. – Darstellung aus Grabaltar: Archäologischer Anzeiger 1941, 547 ff Abb. 86.

## 176 Spiegel

Bronze mit Weißmetallüberzug. Dm. 10,5 cm
Römisch, 2./3. Jahrhundert n. Chr.

Der Spiegel vertritt eine typische und weitverbreitete Form römischer Zeit. Die Spiegelfläche ist fast unversehrt erhalten, und man kann sich noch gut darin spiegeln. Den Rand umgibt eine dichte Lochreihe, die nur einmal etwa 1 cm unterbrochen ist. Die Reste von Lötblei an dieser Stelle verraten, daß der Spiegel ursprünglich einen Griff besessen hat, der hier angelötet war. Die Griffe scheinen schon in der Antike sehr häufig abgebrochen zu sein. Oft verwendete man die einfachen Spiegelscheiben dann in dieser Form weiter.
Die Rückseite ist unverziert und zeigt lediglich Drehrillen. Eine Erklärung für die Form des Lochrandes hat man bisher noch nicht gefunden. Er ist bei Spiegeln wohl das häufigste Verzierungselement. Der Typus entstand in Italien in der 1. Hälfte des 1 Jahrhunderts n. Chr.

Publ.: Schmuck Nr. 52.
Lit.: G. Lloyd-Morgan, The Mirrors. Rijksmuseum at Nijmegen (1981) Typus „Group K".

## 177 Spiegel

Bronze mit Weißmetallüberzug. Dm. 17,8 cm
Römisch, 3. Jahrhundert n. Chr.

Die große leicht konkav gewölbte Spiegelseite weist noch in vielen Teilen die hochpolierte Oberfläche auf, in der man sich verkleinert sehen konnte. Die Rückseite trägt die Verzierung: Auf den leicht verdickten äußeren Randstreifen folgt ein Band aus Kreisaugen und ein freier Streifen mit abschließenden konzentrischen Kreisen. Das zentrale runde Bildfeld ist durch Zirkelkreise gefüllt, mit einem Kreis in der Mitte, umgeben von sechs weiteren. Die Zwickel sind fein schraffiert. Kreisaugen bilden ein zusätzliches Dekor.
Zwei Lötspuren auf der Rückseite zeigen, daß es sich um einen Spiegel mit Bügelgriff handelte. Dieser Spiegeltypus stammt aus dem späten Hellenismus (mit unterschiedlicher Griffgestaltung) und wird in römischer Zeit weiterentwickelt. Vor allem im 3. Jahrhundert n. Chr. finden sich Beispiele mit eckigem Griff.

Publ.: Schmuck Nr. 53.
Lit.: G. Lloyd-Morgan, The Mirrors, Rijksmuseum G. M. Kam at Nijmegen (1981) Typus „Group W".

*Kat. 176*

*Kat. 177*

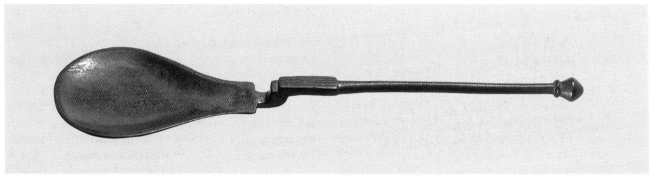

*Kat. 178*

## 178 Löffel

Bronze, verzinnt. L. 16,5 cm
Römisch, 2./3. Jahrhundert n. Chr.

Die flache Laffe des Löffels ist violinförmig und am Rand abgeflacht. Der Griff wächst aus einem V-förmigen Profil auf der Unterseite des Laffenendes und biegt zweimal im rechten Winkel um, wobei der Stielansatz zu einem rechteckigen Element mit Streifenverzierung gebildet ist. Der einheitlich runde Stiel endet in einem profilierten Knopf. Löffel waren in der Antike das wichtigste Eßgerät. Messer benötigte man nicht, da die Speisen schon zerkleinert serviert wurden, und Eßgabeln waren unbekannt. Die meisten Löffel enden in einem spitzen Stiel, damit man z. B. Fleischstücke aufspießen konnte.

Lit.: J. W. Haynes, Greek, Roman, and Related Metalware in the Royal Ontario Museum (1984) Nr. 9.

*Kat. 179*

## 179 Schlüssel

Bronze. L. 4,4 cm
Römisch, 2./3. Jahrhundert n. Chr.

Der kleine gegossene Bronzeschlüssel besitzt am Griffende einen Ring mit drei Profilierungen. Der kurze Steg biegt rechtwinklig um und endet in einem rosettenförmig ausgeschnittenen runden Bart.
Dieser Schlüsseltypus ist relativ selten und stellt eine Zwischengröße zwischen den kleinen Schlüsselringen und den etwas größeren üblichen Schlüsseln dar. Er kommt als Darstellung vor allem auf palmyrener Grabbüsten und -reliefs vor. Dort bildet er die Anhänger an Scheibenfibeln bei Frauenporträts, wobei auch die Form des rosettenartigen Bartes wiederkehrt. Möglicherweise ist mit dem Tragen eines Schlüssels eine bestimmte Funktion oder Stellung der Dargestellten verbunden.

Publ.: Schmuck Nr. 54.
Lit.: Palmyra. Geschichte, Kunst und Kultur der syrischen Oasenstadt. Katalog Linz (1987) 183 Abb. 3.

## 180 Schlüsselgriff

Bronze. L. 9,2 cm
Römisch, 2./3. Jahrhundert n. Chr.

Das Endstück eines ursprünglich ziemlich großen eisernen Schlüssels (nur noch im Ansatz vorhanden) ist als Bronzefigur eines gedrungenen liegenden Löwen gegossen. Den unproportioniert großen Kopf mit gefletschten

Kat. 180

Zähnen umgibt eine reich gelockte Mähne. Am Hinterteil zeigt ein profilierter runder Fortsatz mit den Resten eines im Querschnitt vierkantigen Eisenstabes, daß es sich um den Griff eines Schlüssels handelt.

Das Stück soll aus Köln stammen. Die Stileigentümlichkeiten weisen auf eine Werkstatt der Provinz. Insbesondere die Gestaltung der Haarmähne legt dies nahe. Stark voneinander abgesetzte Wölbungen mit sehr regelmäßiger paralleler Binnenzeichnung bilden die abstrakte Frisur. Ähnliche Stilisierung zeigen die ornamentalen Brauen und Ohren. Auf der Unterseite ist außer den vier Beinen der Phallus angegeben.

Der Löwe, der in vielerlei Zusammenhang als Wächterfigur fungiert, mag diese Funktion auch bei den Schlüsseln haben, denn er kommt als Griffmotiv recht häufig vor. Alle stilistisch ähnlichen Stücke stammen aus dem nordgallischen Bereich.

Publ.: Schmuck Nr. 55.
Lit.: G. Falder-Feytmans, Recueil des Bronzes de Bavai (1957) Nr. 253. – E. Espérandieu u. H. Roland, Bronzes antiques de la Seine-Maritime (1959) Nr. 163–167.

## 181 Lampe        Farbtafel 14

Bronze. L. 18,5 cm
Byzantinisch, 5. Jahrhundert n. Chr.

Die bauchige Lampe hat eine schmal ausgezogene Schnauze mit runder Dochtöffnung. Das große Einfüll-Loch wird von einem Deckel geschlossen, der einen pyramidenförmigen Knopf als Griff besitzt und sich in einem Scharnier bewegt. Der große Griff besteht aus einem kleinen Ring, darauf sitzt ein durch Voluten gebildete herzförmiger Rahmen, den ein frontaler stark abstrahierter Fisch in der Mitte teilt. Die Rückseite des Griffes ist hohl. Die Lampe steht auf einem niedrigen konischen Fuß. Zum Aufstecken ist ein viereckiges Loch in den Boden gearbeitet, das sich im Inneren der Lampe innerhalb einer sich verjüngenden Tülle fortsetzt. Dadurch konnte man die Lampe auf den Dorn eines Kandelabers aufsetzen. Die Lampe ist gegossen. Die Form des Lampenkörpers und des Griffes entsprechen frühbyzantinischen Beispielen, wobei in den herzförmigen Rahmen des Griffes unterschiedliche Motive eingefügt sein können.

Lit.: Form: J. W. Hayes, Greek, Roman, and Related Metalware in the Royal Ontario Museum (1984) Nr. 219.
Griff: L. Wamser u. G. Zahlhaas (Hrsg.), Rom und Byzanz. Archäologische Kostbarkeiten aus Bayern (1998) Nr. 81 (mit Kreuz).

## 182 Schlüssel

Bronze. Innerer Dm. 1,6 cm, L. 5,2 cm
Byzantinisch, 10. Jahrhundert n. Chr. oder später

Der Schlüssel besteht aus zwei Teilen: einem Ring mit einem aufgesetzten Knauf und gegenüber einer Einschnü-

Kat. 181

rung, in die mittels einer Öse der Bart eingehängt ist. Der Bart setzt sich aus Öse, Steg und einem einfachen, einmal unterteilten rechteckigen Rahmen zusammen.

Die meisten Schlüssel in diesem kleinen Format sind Schlüsselringe, wobei sie in einem Stück gegossen sind und der Bart im rechten Winkel fest am Ring ansitzt. Diesen Typus kennt man durch Darstellungen schon von den Etruskern her, die ersten Originalfunde sind aus römischer Zeit. Diese Schlüssel paßten für kleine Kastenschlösser – man denke etwa an Schmuckkästchen –, konnten immer am Finger getragen werden und so keinem Unbefugten in die Hände fallen.

Die Ringe mit beweglichem Bart wurden möglicherweise nicht als Schlüsselringe o. g. Art getragen. In gesichertem Fundzusammenhang kamen sie bisher nur in Korinth zutage und sind hier in das 10. Jahrhundert und später datiert. Möglicherweise beginnt der Typus schon etwas früher, aber anscheinend nicht vor der byzantinischen Zeit.

Publ.: Schmuck Nr. 72.
Lit. G. R. Davidson, Corinth XII. The Minor Objects (1952) 137ff. Nr. 979ff. – St. Boucher, Vienne. Bronzes Antiques (1971) Nr. 535. – J. C. Waldbaum, Metalwork from Sardis. The Finds through 1974 (1983) Nr. 403. – A. B. Chadour u. R. Joppien, Schmuck II. Fingerringe. Kunstgewerbemuseum der Stadt Köln (1985) Nr. 187.

Kat. 182

# Plastiken

### 183 Standarte
Farbtafel 15

Bronze. H. 16,9 cm
Luristan/Iran, 8./7. Jahrhundert v. Chr.

Die sog. Standarte besteht aus einer zentralen Röhre, die oben von einem Ianuskopf bekrönt ist. Seitlich gehen in der oberen Hälfte zwei gebogene Tierhälse mit Köpfen aus. Ihre Gattung ist wegen der starken Stilisierung schwer zu benennen, üblicherweise handelt es sich um Panther. Am Kreuzungspunkt der Hälse mit der Röhre sitzt auf Vorder- und Rückseite eine menschliche Maske in Relief. Im unteren Teil sind an die Röhre jeweils die Hinterteile der Panther angefügt.
Die Standarten vom Typus „Herr der Tiere" vereinen Menschen- und Tiergestalten miteinander. Vermutlich ist mit dieser Darstellung ein göttliches Wesen der altiranischen Mythologie gemeint. Den genauen Zweck der Standarten kennt man noch immer nicht, aber sie scheinen im Totenkult eine Rolle gespielt zu haben. Ein Exemplar wurde bei Grabungen in einem Grab Luristans gefunden, wo es samt einem flaschenförmigen Standsockel vor dem Gesicht des Bestatteten niedergelegt war. Daraus resultiert auch die Datierung in das 8. und 7. Jahrhundert v. Chr.

Publ.: Schmuck Nr. 9. – G. Zahlhaas, Luristan. Antike Bronzen aus dem Iran. Ausstellungskat. d. Archäol. Staatsslg. 33 (2002) Kat. 234.
Lit.: L. Vanden Berghe, Luristan. Vorgeschichtliche Bronzekunst in Iran. Ausstellungskat. d. Prähist. Staatsslg. 8 (1981) 60. – ders., Luristan. Een verdwenen bronskunst uit West-Iran. Ausstellungskat. Gent (1982) Nr. 280. – E. de Waele, Bronzes du Luristan et d'Amlash. Ancienne Collection Godard (1982) Nr. 115.

Kat. 183

*Kat. 184*

## 184 Frauenstatuette

Terrakotta. H. 18 cm. Kopf gebrochen und geklebt, ebenso zahlreiche Brüche am Körper.
Hellenistisch, Unteritalien, 3. Jahrhundert v. Chr.

Vorder- und Rückseite der Figur sind jeweils aus einer Matrize ausgeformt, wobei die Rückseite nur ganz wenige Detailangaben aufweist. Dargestellt ist eine Frau, die auf ihrem rechten Bein steht und das linke als Spielbein nach vorne gestellt hat. Ihre ganze Gestalt inklusive des rechten Armes ist in einen Mantel gehüllt, dessen Saum schräg über die Oberschenkel verläuft. In senkrechten Falten fällt der Chiton über die Beine herab. Mit dem linken Arm stützt sich die Figur auf eine Säule, die ihr bis zur Brust reicht, mit der Hand den oberen Saum des Mantels vor die Brust haltend. Die rechte Hand stützt sie in die Hüfte. Auf dem langen zierlichen Hals sitzt der Kopf mit einer einfachen Knotenfrisur, umgeben von einem Efeukranz.
Die Oberfläche ist mit einer weißen Grundierung überzogen und war ursprünglich farbig gefaßt. Von der Bemalung sind jedoch nur noch geringe Reste rötlicher Farbe im Haar über der linken Schläfe erhalten.

Lit.: Antikenmuseum Berlin (1988) 181 Nr. 10.

*Kat. 185*

## 185 Maske    Farbtafel 9

Ton. H. 21,0 cm. Zerbrochen und geklebt
Römisch, 1. Jahrhundert n. Chr.

Die Maske aus rötlich-braunem Ton hat hochovalen geschlossenen Umriß und ist leicht gewölbt. Das Gesicht ist wenig modelliert, nur das Kinn ist rundlich herausgearbeitet. Brauen und Augenumriß sind als Stege angegeben, die Augen als große runde Löcher herausgeschnitten. Der kleine Mund mit den sehr schmalen Lippen ist geschlossen. In gleichförmigen Haarwülsten, die durch kleinteilige Ritzungen nochmals gegliedert sind, umgibt die Frisur – eine Art in die Fläche geklappte Melonenfrisur – das Gesicht bis zum Kinn. Im Haar sitzt ein halbmondförmiges Diadem mit erhöhter Mitte und zwei seitlichen Rosetten, an die zwei Blätter oder die Reste von Stoffstreifen anschließen. Den Tongrund überzieht sowohl auf der Vorder- wie auch auf der Rückseite eine beige Grundierung, der ursprünglich die Bemalung trug. Davon sind keine erkennbaren Reste mehr erhalten.

Direkt unter dem Diadem sitzt im Haar ein kleines Loch, das zusammen mit zwei weiteren in Höhe der Wangen (die aber durch den Bruch und die Restaurierung verschwunden sind) der Befestigung diente.

Lit.: J. Chesterman, Classical Terracotta Figures (1974) Abb. 72.

## 186 Kriegerbüste

Bronze. H. 5,5 cm
Römisch, 2./3. Jahrhundert n. Chr.

Die kleine Büste, deren Funktion unbekannt ist, zeigt einen bärtigen Krieger, dessen Ausrüstung in einem Helm mit hohem Helmbusch und einem Brustpanzer besteht.

Kat. 187

Letzterer ist lediglich an seinem durch Kerben deutlich gemachten V-förmigen Ausschnitt kenntlich. Die Pupillen sind gebohrt.

Die stark graphische Gestaltung der Details zeigt, daß es sich hier um ein Produkt einer Werkstatt der nördlichen Provinzen handelt.

Bei der Darstellung dieses Kriegers wird es sich um den Kriegsgott Mars selbst handeln, der überwiegend ähnlich bärtig und gerüstet wiedergegeben wird.

Publ.: Schmuck Nr. 56.
Lit.: R. Fleischer, Die römischen Bronzen aus Österreich (1967) Nr. 47.

## 187 Figürchen eines Hundes

Bronze. L. 4,9 cm
Römisch, 2./3. Jahrhundert n. Chr.

Das Figürchen stellt einen schlanken Jagdhund dar, der mit gesenktem Kopf einherläuft. Die Funktion ist unbekannt. Tierfiguren gibt es einzeln oder als Begleiter von Götterstatuetten. In diesem Fall wäre an Diana, die Göttin der Jagd zu denken. Allerdings sind alle Hundestatuetten mit hocherhobenem Kopf dargestellt.

Publ.: Schmuck Nr. 57.

Kat. 186

## 188 Jünglingskopf

Stuck. H. 17 cm
Ägypten, koptisch, 5. Jahrhundert n. Chr.

Das gleichmäßig gerundete Gesicht ist flächig gehalten und nur in der Partie von Nasenansatz, Mundwinkeln und Kinn leicht modelliert. Die großen mandelförmigen Augen rahmen kräftige Ränder, die nicht modelliert, sondern aus dem feuchten Stuck geschnitten sind. Die Iris ist jeweils kugelig gewölbt, die Pupille tief gebohrt. Die Frisur besteht aus einem Kranz von acht gleichförmigen Lockenwölbungen mit je einer zentralen Bohrung und der horizontalen Gliederung in vier Strähnen; auch diese sind eingeschnitten. Die Ohren kamen nicht zur Darstellung.
Die Stilisierung von Details und Frisur sowie die sparsame Modellierung des Gesichtes lassen sich mit Beispielen der koptischen Plastik vergleichen. Zwar wurde in dieser Kulturepoche eher in Kalkstein gearbeitet, jedoch sind auch Werke aus Stuck belegt.

Lit.: Staatliche Sammlung Ägyptischer Kunst München ²(1976) Nr. 151.

Kat. 188

## 189 Vogel

Bronze. H. 6,0 cm
Byzantinisch, 6./7. Jahrhundert n. Chr.

Die kleine Statuette, die ursprünglich als Aufsatz auf ein Gerät diente, ist sehr massiv und stark abstrahiert gearbeitet. Beide Beine bilden einen geschlossenen Steg von rechteckigem Querschnitt, ebenso Körper und Hals, auf den der schlichte runde Kopf mit dem kurzen dreieckigen Schnabel gesetzt ist. Flügel und Schwanz erscheinen als trapezförmige Platte mit Einkerbungen am Rand und sind flach auf den Körper aufgesetzt. Die massive Gestaltung ohne Detailangabe ist sicherlich durch die Verwendung als Griffverzierung oder ähnlichem bedingt, vielleicht an einem Lampen- oder Kannenhenkel.

Lit.: Collection Hélène Stathatos III. Objects antiques e byzantins (1963) Nr. 243. – M. Comstock u. C. Vermeule, Greek, Etruscan & Roman Bronzes in the Museum of Fine Arts Boston (1971) Nr. 167.

Kat. 189

# Ausgewählte Bibliographie über antiken Schmuck mit besonderer Berücksichtigung neuerer Titel

A. d´Ambrosio u. E. De Carolis, I Monili dall´Area Vesuviana (1997).

Antike Gemmen in deutschen Sammlungen I 1–3 München (1968–1972); II Berlin (1969); III Braunschweig, Göttingen, Kassel (1970); IV Hannover, Hamburg (1975).

H. Battke, Ringe aus vier Jahrtausenden. Aus der Sammlung Battke im Schmuckmuseum Pforzheim (1963).

G. Becatti, Oreficerie Antiche dalle Minoiche alle Barbariche (1955).

Chr. Beckmann, Metallfingerringe der römischen Kaiserzeit im freien Germanien: Saalburg-Jahrbuch 26, 1969, 14 ff.

E. Bielefeld, Schmuck. Archeologia Homerica (1968).

J. Boardman, Greek Gems and Finger Rings. Early Bronze Age to Late Classical (1970).

A. Böhme, Schmuck der römischen Frau (1974).

L. Breglia, Catalogo delle Oreficerie del Museo Nazionale di Napoli (1941).

M. Brosh, Islamic Jewelry. Katalog Jerusalem (1987).

A. B. Chadour u. R.Joppien, Schmuck I. Hals-, Ohr-, Arm- und Gewandschmuck. Schmuck II. Fingerringe. Kunstgewerbemuseum der Stadt Köln (1985).

A. B. Chadour-Sampson, Antike Fingerringe. Die Sammlung Alain Ollivier (1997).

E. Coche de la Ferté, Les bijoux (1956).

O. M. Dalton, Catalogue of Finger Rings, Early Christian, Byzantine, Teutonic, Medieval and Later, British Museum (1912).

B. Deppert-Lippitz, Griechischer Goldschmuck (1985).

dies., Goldschmuck der Römerzeit im Römisch-Germanischen Zentralmuseum (1985).

dies., Römischer Goldschmuck. Aufstieg und Niedergang der römischen Welt (Hrsg. H. Temporini) Prinzipat XII 3 (1985) 117 ff.

A. Dimitrova-Milceva, Antike Gemmen und Kameen aus dem archäologischen Nationalmuseum in Sofia (1980).

L. Einzenhöfer, Die Siegelbildvorschläge des Clemens von Alexandrien: Jahrbuch für Antike und Christentum 3, 1960, 51 ff.

J. El-Chehadeh, Untersuchungen zum antiken Schmuck in Syrien (1972).

T. Ergil, Küpeler. Istanbul Arkeoloji Müzeleri Küpeler Katalogu – Earrings. The Earring Catalogue of the Istanbul Archaeological Museum (1983).

S. Finogenowa, Index Thesauri Gemmarum Antiquarium in Museo Publico Artium Liberalium Pushkiniano Servatarum (1993).

L. Fondo u. F. M. Vanni, Le Gemme dei Medici e dei Lorena nel Museo Archeologico di Firenze (1991).

A. Furtwängler, Die Antiken Gemmen, Bd. 1–3 (1900).

La Glyptique des Mondes Classiques. Mélanges en hommages à Marie-Louise Vollenweider (1997).

A. Greifenhagen, Schmuckarbeiten in Edelmetall. Staatliche Museen Preußischer Kulturbesitz, Antikenabteilung Berlin. Band 1: Fundgruppen (1970). – Band 2: Einzelstücke (1975).

H. Guiraud, Intailles et Camées Romains (1996).

T. Hackens, Gold Jewellery. Craft, Style & Meaning from Mycenae to Constantinopolis (1983).

ders., Studies in ancient Jewelry (1979).

K. Hadaczeck, Der Ohrschmuck der Griechen und Etrusker (1903).

M. Henig, A Corpus of Engraved Gemstones from British Sites (1978).

ders., The Content Family Collection of Ancient Cameos (1990).

F. Henkel, Die römischen Fingerringe der Rheinlande und der benachbarten Gebiete (1913).

R. A. Higgins, Greek and Roman Jewellery (1961).

H. Hoffmann u. P. Davidson, Greek Gold. Jewelry from the Age of Alexander (1966).

H. Hoffmann u. V. v. Claer, Antiker Gold- und Silberschmuck (1968).

Jewellery through 7000 Years. Katalog London (1976).

C. Johns, The Jewellery of Roman Britain. Celtic and Classical Tradition (1996).

K. Konuk u. M. Arslan, Ancient Gems and Finger Rings from Asia Minor. The Yüksel Erimtan Collection (2000).

A. Krug, Antike Gemmen im Römisch-Germanischen Museum Köln (1980).

D. Mackay, The Jewellery of Palmyra and its Significance: Iraq 11, 1940, 160 ff.

A. R. Mandrioli Bizzarri, La Collezione di Gemme del Museo Civico Archeologico di Bologna (1987).

F. H. Marshall, Catalogue of the Finger Rings, Greek, Etruscan and Roman, in the Departments of Antiquities. British Museum (Reprint 1968).

ders., Catalogue of the Jewellery, Greek, Etruscan and Roman, in the Departments of Antiquities. British Museum (Reprint 1969).

K. R. Maxwell-Hyslop, Western Asiatic Jewellery c. 3000–612 B. C. (1971).

S. Michel, Die Magischen Gemmen im Britischen Museum (2001).

S. H. Middleton, Engraved Gems from Dalmatia (1991).

dies., Seals, Finger Rings, Engraved Gems and Amulets in the Royal Albert Memorial Museum Exeter (1998).

B. Musche, Vorderasiatischer Schmuck zur Zeit der Arsakiden und der Sasaniden (1988).

B. Musche, Vorderasiatischer Schmuck von den Anfängen bis zur Zeit der Achaemeniden (ca. 10 000–330 v. Chr.) (1992).

F. Naumann, Antiker Schmuck. Katalog Kassel (1980).

Ori e Argenti nelle Collezioni del Museo Archeologico di Firenze (1990).

I. Ondrejovà, Les Bijoux Antiques (1975).

U. Pannuti, La Collezione Glittica II. Museo Archeologico Nazionale di Napoli (1994).

B. Pfeiler, Römischer Goldschmuck des ersten und zweiten Jahrhunderts n. Chr. nach datierten Funden (1970).

M. Pfrommer, Untersuchungen zur Chronologie früh- und hochhellenistischen Goldschmucks. Istanbuler Forschungen 37 (1990).

H. Philipp, Bronzeschmuck aus Olympia (1981).

dies., Mira et Magica. Gemmen im Ägyptischen Museum der Staatlichen Museen, Preußischer Kulturbesitz Berlin-Charlottenburg (1986).

A. Pierides, Jewellery in the Cyprus Museum (1971).

L. Pirzio Biroli Stefanelli, L´Oro dei Romani. Gioelli di Età Imperiale (1992).

D. Plantzos, Hellenistic Engraved Gems (1999).

G. Platz-Horster, Die antiken Gemmen im Rheinischen Landesmuseum Bonn (1984).

dies., Die antiken Gemmen aus Xanten (1987).

dies., Die antiken Gemmen aus Xanten II (1994).

J. Popovic, Les Camées Romains au Musée National de Beograd (1989).

A. de Ridder, Catalogue sommaire des bijoux antiques du Musée du Louvre (1924).

R. Righetti, Gemme e cammei delle Collezioni Communali, Roma (1955).

E. Riha, Der römische Schmuck aus Augst und Kaiseraugst. Forschungen in Augst 10 (1990).

W. Rudolf, A Golden Legacy. Ancient Jewellery from the Burton Y. Berry Collection at the Indiana University Art Museum (1995).

L. Ruseva-Slokoska, Roman Jewellery. A Collection of the National Archaeological Museum Sofia (1991).

L. A. Scatozza Höricht, I Monili di Ercolano (1989).

P. W. Schienerl, Der Ursprung und die Entwicklung von Amulettbehältnissen in der antiken Welt: Antike Welt 15, 1984, Heft 4, 45 ff.

Schmuck der Islamischen Welt. Ausstellung des L. A. Mayer Memorial Museums Jerusalem. Katalog Frankfurt (1988).

Schmuckmuseum Pforzheim. Von der Antike zur Gegenwart (1980).

B. Segall, Zur griechischen Goldschmiedekunst des 4. Jahrhunderts v. Chr. (1966).

J. Spier, Ancient Gems and Finger Rings. Catalogue of the Collections. The J. Paul Getty Museum (1992).

M.-L. Vollenweider, Deliciae Leonis. Antike geschnittene Steine und Ringe aus einer Privatsammlung (1984).

dies., Camées et Intailles I. Les Portraits Grecs du Cabinet des Medailles (1995).

L. Wamser u. G. Zahlhaas (Hrsg.), Rom und Byzanz. Archäologische Kostbarkeiten aus Bayern (1998).

L. Wamser u. R. Gebhart (Hrsg.), Gold. Magie, Macht, Mythos. Gold der Alten und Neuen Welt. Schriftenreihe der Archäologischen Staatssammlung München Bd. 2 (2001).

A. Ward, J. Cherry, C. Gere u. B. Cartlidge, Der Ring im Wandel der Zeit (1987).

A. Yeroulanou, Diatrita. Gold piercedwork Jewellery from the 3rd to the 7th century (1999).

G. Zahlhaas, Antike Fingerringe und Gemmen. Die Sammlung Dr. E. Pressmar. Ausstellungskataloge der Prähistorischen Staatssammlung 11 (1985).

dies., Antiker Schmuck. Kleine Ausstellungskataloge der Prähistorischen Staatssammlung 4 (1985).

dies., De oudheid versierd. Katalog Heerlen (1991).

P. Zazoff, Die Antiken Gemmen. Handbuch der Archäologie (1983).

E. Zwierlein-Diehl, Die antiken Gemmen des Kunsthistorischen Museums in Wien. Bd. 1 (1973), Bd. 2 (1979), Bd. 3 (1991).

dies., Die Gemmen und Kameen des Dreikönigenschreines. Der Dreikönigenschrein im Kölner Dom I,1 (1998).